MANUAL DE COMO SER ABOGADO Y NO MORIR EN EL INTENTO
LO QUE NO TE ENSEÑAN EN LAS FACULTADES DE DERECHO

JORGE ARTURO ABELLO GUAL

2025

INDICE

LOS SOFISTAS, EL INICIO DE LA PROFESIÓN DE ABOGADOS.

¿POR QUÉ ESTUDIAR DERECHO?

LA EMPATIA Y EL DERECHO

LA CONFIANZA, LA ACTITUD DE UN ABOGADO

UN ABOGADO SIEMPRE SERÁ UN ESTUDIANTE

LOS PRINCIPIOS PARA EJERCER COMO ABOGADO

¿QUE ES UNA ASESORÍA?

LOS LITIGANTES NO PEDIMOS TRABAJO, PEDIMOS BUENOS CLIENTES

EL DERECHO ES PARA VALIENTES

¿CÓMO COBRA UN ABOGADO?

¿CUÁNDO NO ELEGIR UN CASO?

LA ÉTICA EN EL ABOGADO PENALISTA

¿QUIEN GANA EL JUICIO? EL QUE TIENE LA VERDAD? O EL QUE TIENE EL MEJOR ABOGADO?

LAS HABILIDADES DE UN ABOGADO

LAS TRES ARMAS DE UN ABOGADO

LAS TRES ARTES DE UN ABOGADO

LOS ABOGADOS Y LOS JURISTAS

¿EN QUÉ SE DIFERENCIA UN ABOGADO DE OTRO?

LA MEMORIA DE UN ABOGADO

LA VERDAD REAL Y LA VERDAD PROCESAL

¿CÓMO PIENSA UN ABOGADO?

EL ARTE DE NEGOCIAR Y EL ABOGADO

LA IMPROVISACIÓN EN EL EJERCICIO DEL DERECHO

EL PAPEL DEL JUEZ

¿EL JUEZ CREA O INTERPRETA EL DERECHO?

¿QUÉ ES LA ARGUMENTACIÓN JURÍDICA?

LA IMPORTANCIA DE LA ARGUMENTACIÓN JURÍDICA

INTERPRETAR Y ARGUMENTAR

INTERROGAR Y CONTRAINTERROGAR, EL ARTE DE HACER PREGUNTAS

PROBLEMAS DEL TESTIMONIO COMO PRUEBA

PAUTAS PARA INTERROGAR Y LOS PROBLEMAS DEL TESTIMONIO

¿QUÉ ES UN TESTIGO HOSTIL?

LA INTERPRETACIÓN DE LA PRUEBA

EL ANÁLISIS DE LA PRUEBA

LOS SOFISTAS, EL INICIO DE LA PROFESIÓN DE ABOGADO.

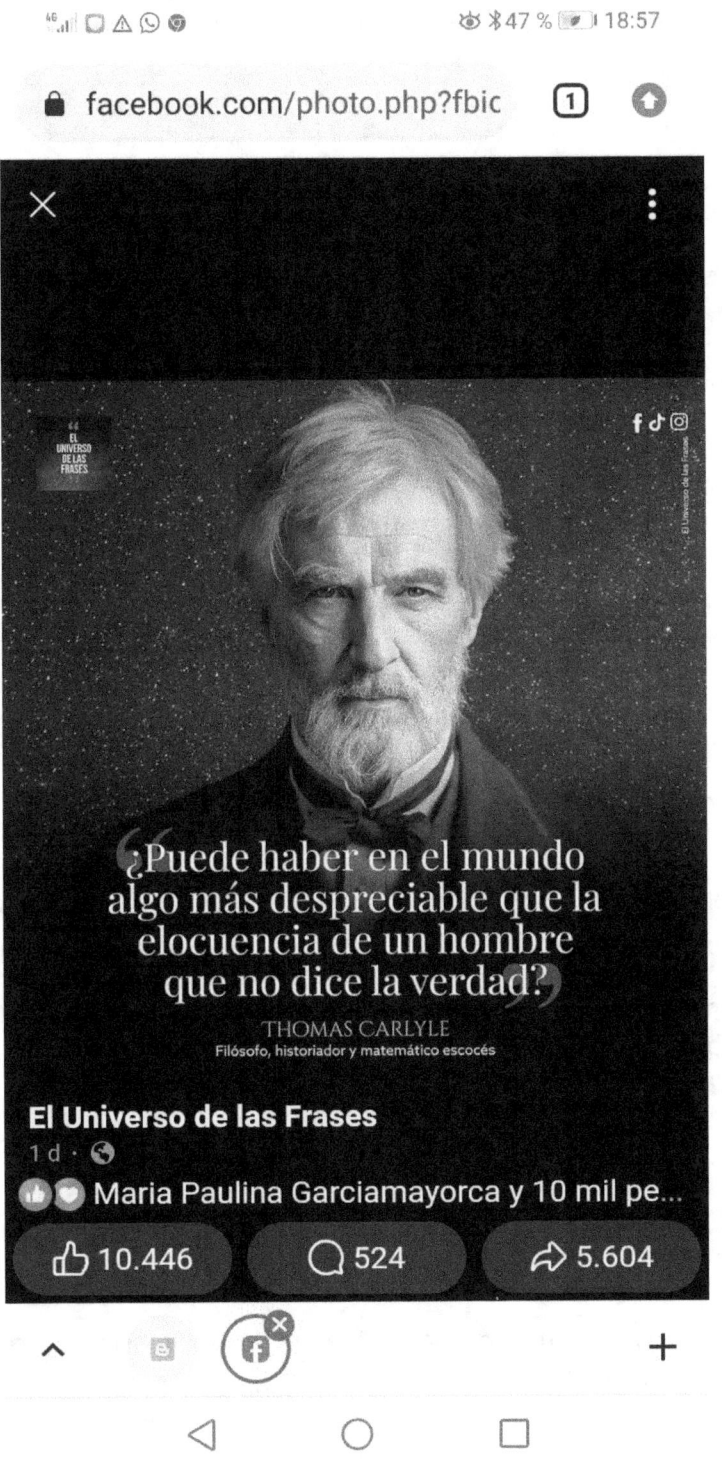

Pepe: ¿Quiénes son los sofistas?

Ramiro: Eran personas que enseñaban a hablar elocuentemente en la antigua Grecia.

Pepe: ¿y para que?

Ramiro: Saber hablar en público era una necesidad imperante en una ciudad estado griega. En Grecia era habitual que se reunieran los líderes de cada familia, para tomar decisiones democráticamente, pero no sin antes debatir y se acostumbraba a dar discursos para convencer a los demás sobre cierta posición.

Pepe: Válgame Dios, yo no podría hacer eso.

Ramiro: De eso vivían los sofistas, para enseñar el arte de la retórica, o a hablar por quienes no podían hacerlo. Por eso se dice que fueron los primeros abogados, porque hablaban en nombre de otro, ante una audiencia, y les pagaban por ello.

Pepe: ¿Y que tienen que ver los sofistas con los sofismas?

Ramiro: Los sofistas enseñaban la retórica para convencer, decían que no importa si lo que dices no fuera verdad, porque lo importante es que se oiga bonito, o sea convincente. Sócrates luchó y murió en contra de ese pensamiento, los sofistas usaron a la retórica para engañar, diciendo mentiras que se escuchaban como verdades, a lo que hoy se le conoce como sofismas, que son argumentos falsos construidos con toda la intención de engañar y con el pleno conocimiento que son mentiras.

Pepe: Eso ya me sonó a política.

Ramiro: Ni se diga... No hay cosa más desagradable que la elocuencia de alguien que a todas luces se sabe que esta mintiendo.

¿POR QUÉ ESTUDIAR DERECHO?

El derecho es una carrera exigente, se estudia para interpretar las normas, construir buenos argumentos y para manejar todo tipo de campos.

En cualquier área de trabajo, se necesita un abogado. Siempre dónde hay un conflicto, hay por lo menos un abogado.

Se debe tener una cultura amplia, un trato cordial y estar dispuesto a manejar todo tipo de conflicto.

El abogado no discute, argumenta.

El abogado no regatea, negocia.

El abogado no solo trabaja, litiga.

El abogado no solo planifica, proyecta una estrategia y la ejecuta.

La gran diferencia entre el pensamiento de un abogado y otras carreras es la facultad de ponderar los derechos, es decir, un abogado cada vez que le ponen a su consideración un caso, siempre ve los derechos que están en conflicto y cual debe prevalecer, por eso cuando le hacen una pregunta el abogado va responder: depende.

Un abogado no solo está pendiente de estudiar las leyes y hacer buenos argumentos, también debe pensar en el proceso, en el procedimiento legal que se debe seguir, para conseguir lo que se pretende, y por eso debe seguir un debido proceso.

Por último el abogado siempre está pensando en la prueba, pues aprende que sus argumentos solo son válidos si están respaldados con evidencia: dame la prueba y te daré el derecho.

Estás son algunas de las cosas que tienes que tener en cuenta cuando quieres estudiar derecho, si te gusta, bienvenido al club, si no, sigue tu camino y serás feliz.

LA EMPATIA EN UN ABOGADO

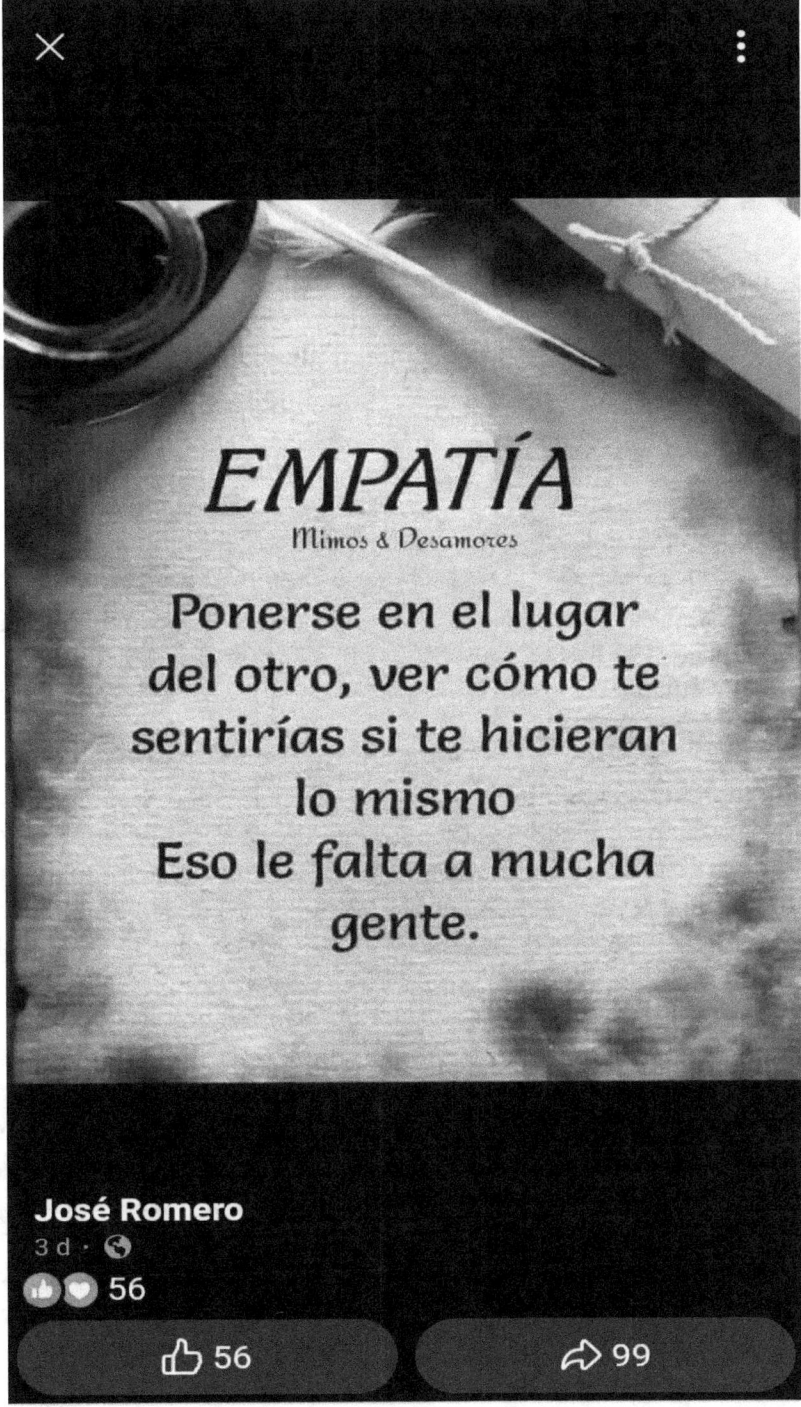

La empatía es una habilidad necesaria para un abogado, para el ejercicio de su profesión, que implica la capacidad para ponerse en los zapatos de otro, y sentir como tuyo, lo que está sintiendo la otra persona.

Cuando a un abogado asume un caso, se le otorga el poder, que le confiere la facultad de representar no solo los intereses del poderdante, sino hablar en su lugar, y ello implica una tremenda responsabilidad.

En la antigua Grecia, los paters de familia eran los encargados de hablar en nombre de toda su familia, y cuando ellos no tenía el don de la palabra, contrataban una persona experta en la oratoria, que los llamaban Sofistas para que hablaran en su nombre ante la comunidad o ante el ágora. Ese fue el comienzo de nuestra profesión.

Pero para hablar en nombre de una persona, hay que ser empático, y lograr transmitir en su nombre, su posición, sus intereses y sus sentimientos, y para ello, es necesario captar la esencia de su cliente, su drama, su problema, las dudas, las inquietudes, los temores. El abogado por regla general no estuvo en el lugar de los hechos y muchas veces llega cuando ya han ocurrido, de ahí que sea necesario captar bien la información del caso para reconstruirlo y recrearlo para una audiencia.

como lo menciona Rober Alexy en relación con la argumentación, en un debate ideal, se parte de la sinceridad, y nadie puede argumentar mejor, que quien se encuentra convencido de su causa. Así que es importante, comprender muy bien el caso, y para ello, es esencial tener empatía con los clientes para poder captar bien su caso, y recrearlo de la mejor forma ante una audiencia, y con el convencimiento que se requiere.

Un abogado sin empatía, no logra captar fácilmente a los clientes, pues no logra hacer que el cliente confíe en él, y le otorgue un poder para representarlo, pues si el abogado no se pone en su lugar, no se va a sentir defendido por éste. En muchas ocasiones, en la entrevista inicial los abogados no escuchan a su cliente, y comienzan a juzgarlo o regañarlo, el cliente se va con la sensación, de que si su abogado es el que lo está acusando, pues no lo va defender, es un pensamiento que se le deja al cliente en la mente, para qué enemigos, con semejante amigo o más bien, si este es el que me va a defender, no me imagino a quien me va a juzgar.

El abogado no solo tiene que ser empatico con su cliente, sino también transmitir empatia. Debe generar la mayor empatia posible hacia su cliente de parte de la audiencia, por eso debe definir una estrategia en la que su cliente es el que tiene la razón, o no se vea tan malo, tan despreciable, pues ello, también influye mucho en la decisión o en la gravedad de la sanción.

EL ABOGADO NUNCA DEJA DE ESTUDIAR.

Una de las carreras en las que uno no deja de estudiar, de aprender y de ganar experiencia es el Derecho.

El abogado aprende de cada caso algo nuevo, en cada caso adquiere más experiencia, es un constante proceso de aprendizaje teórico y práctico. Siempre existe esa dualidad práctica y teórica que complejiza el trabajo, la atención a los detalles es clave, la organización, la preparación y el manejo de las personas, los tiempos y las pruebas.

Se puede decir como decía Heráclito: "Nadie se baña dos veces en un mismo río". Los casos pueden ser similares, pero las personas son diferentes, las pruebas pueden variar, y lo que antes funcionó en un caso, en otro, deja de funcionar dependiendo de las circunstancias, por eso, una de las palabras que tienen que saber utilizar los abogados es: "Depende"

En el derecho se busca que exista seguridad jurídica, que exista igualdad entre las partes, pero en el derecho existen muchas variables, y por ser una ciencia social, no es una ciencia exacta, a pesar de que se busque que se le de trato igual a las personas que tengan un caso similar, por lo que se tiene como principio orientador el de: "igual situación de hecho, igual solución de derecho"

Precisamente la lógica de la Ley que es una regla de solución a un caso, de forma general y abstracta que se aplica a casos particulares, busca que el operador jurídico resuelva todos los casos similares con base en dicha regla.

En igual forma, el sistema de precedentes judiciales también busca que las soluciones de derecho sean predecibles y brinden seguridad jurídica, en donde la regla jurídica que dio solución a un caso particular a través de una sentencia, se le aplique de forma analógica a casos similares.

Las normas y los precedentes no permanecen estáticos, cambian o son reformados o reformulados de acuerdo como va evolucionando la sociedad, y el abogado tiene siempre que estudiarlos, y aplicarlos diariamente en su trabajo.

La lucha diaria de un jurista es aprender del derecho, aprender de la sociedad, y buscar la mejor solución jurídica a un problema que tiene componentes psicológicos, económicos, políticos, sociales, médicos, biológicos, etc.

El abogado no solo debe saber de derecho, sino que debe ser lo suficientemente culto, para aprender y comprender el mundo que lo rodea, y por eso, es un estudiante que nunca deja de aprender.

LA CONFIANZA, LA ACTITUD DE UN ABOGADO

Sin duda uno de los valores que debe tener un abogado es la confianza en sí mismo. Si el abogado no transmite el mensaje que debe trasmitir con confianza, ni podrá convencer a su cliente, ni a la contraparte, ni al juez.

La confianza es una actitud, que se gana con la preparación de cada caso. El análisis de los puntos fuertes y los puntos débiles es supremamente importante previo a un debate jurídico. Prever los argumentos, las pruebas y las actuaciones de la contraparte, implica un arduo trabajo, para posteriormente armar la estrategia a seguir.

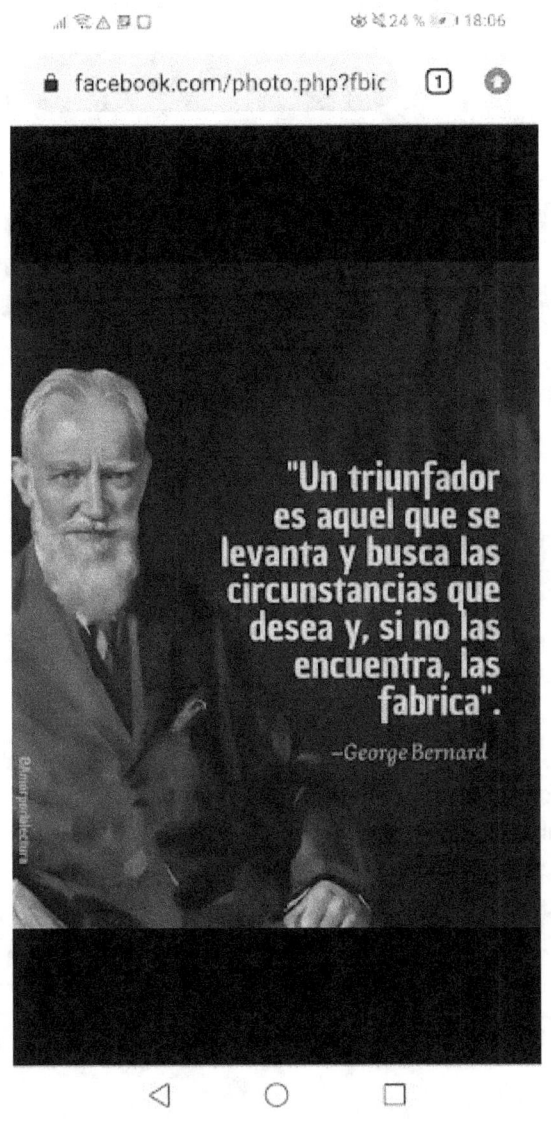

Si el caso se puede ganar, es deber del abogado ganarlo. Se debe trabajar bien las pruebas, que las documentales estén completas, que los peritajes sean claros y precisos, y se deben preparar a los testigos para que sean convincentes. Preparar los contrainterrogatorio, los contraperitajes y revisar las pruebas de la contraparte para evitar sorpresas. Por último, se debe trabajar en los argumentos, los alegatos, que deben basarse en el derecho aplicable al caso, los hechos probados, el análisis probatorio según lo presentado por las partes, las conclusiones y las solicitudes que se le van a hacer al juez.

Todo el trabajo, la disciplina y la metodología, construye la confianza de los abogados.

No todos los casos se pueden ganar, pero si hay la oportunidad de ganar un caso perdido, hay que hacer todo lo que se pueda hacer, y si no, pues de ti depende de que tu cliente no saque la peor parte y ello, puede implicar negociar, para obtener una rebaja en la sanción o en el saldo a pagar, ello aunque no se crea, sigue siendo una victoria.

Existe una creencia de que los abogados improvisamos en todo momento, pero lo cierto es que a veces somos profesionales de emergencias, como los médicos y los bomberos, nuestro conocimiento y expericia previa nos ha enseñado a reaccionar y a prepararnos mientras que vamos en camino al lugar donde nos necesitan, por eso hay abogados expertos en algunos asuntos que no saben manejar otros abogados.

DECÁLOGO DEL ABOGADO

I
ESTUDIA: El Derecho se transforma, Sí no sigues sus pasos serás cada día menos abogado.

II
PIENSA: El derecho se aprende estudiando pero se ejerce pensando.

III
TRABAJA: La Abogacía es una ardua fatiga puesta al servicio de la justicia.

IV
LUCHA: Tu deber es luchar por el Derecho, pero el día que encuentres en conflicto el Derecho con la justicia, luchar por la justicia.

V
SE LEAL: Leal para con tu cliente que no debes abandonar hasta que comprendas que es indigno de tí, leal para con el adversario, aún cuando él sea desleal contigo; leal para con el Juez que ignora los hechos y debe confiar en lo que tú le dices; y que, en cuanto al decho, alguna y otra vez debe confiar en el que tú le invocas.

VI
TOLERA: Tolera la verdad ajena en la misma medida en que quieres que sea tolerada la tuya.

VII
TEN PACIENCIA: El tiempo se venga de las cosas que se hacen sin su colaboración.

VIII
TEN FE: Ten fe en el derecho como el mejor instrumento para la convivencia humana: en la justicia como destino normal del Derecho: en la paz como substituto bondadoso de la justicia; y sobre todo ten fe en la Libertad, sin la cual no hay Derecho, ni justicia, ni paz.

IX
OLVIDA: La Abogacía es una lucha de pasiones. Si en cada batalla fueras cargando tu alma de rencor, llegará un día en que la vida será imposible para ti. Concluido el combate olvida tan pronto tu victoria como tu derrota.

X
AMA TU PROFESIÓN: Trata de considerar a la Abogacía de tal manera que el día en que tu hijo te pida consejo sobre su destino, consideres un honor para ti proponerle que sea abogado.

¿QUE ES LA ASESORÍA JURÍDICA?

LA ASESORÍA JURÍDICA

De las principales funciones que tiene que hacer un abogado a lo largo de su carrera es la de asesorar.

La asesoría es una labor por regla general preventiva de un futuro conflicto, pero también se ejecuta luego de prestada la asesoría, en la cual se estudia un caso que el cliente trae, para escoger la mejor elección jurídica de acuerdo con los hechos, las pruebas y las necesidades del cliente.

Es una labor que implica por un lado un estudio de la normatividad, un análisis de los hechos y de las pruebas, y por último, escoger la mejor opción para el cliente.

Dentro de este proceso, son muy importantes la actualización del conocimiento, la experiencia y la estrategia. No es solo saber qué se debe hacer, sino también saber el cómo y el cuando hacerlo.

El estudio jurídico implica la realización de un concepto sobre las normas aplicables y la razón por la cuál, las cosas o los actos deben hacerse de conformidad con esas normas. Pero las normas no actúan por sí solas, y del concepto se debe pasar a la ejecución, en la cual, sin duda es fundamental la estrategia y la experiencia, para llevar a cabo las actuaciones necesarias para hacer efectivas las normas.

Las relaciones con las partes, las relaciones con los funcionarios públicos y con los funcionarios judiciales es un asunto que lo da la experiencia.

Para ser efectivo como abogado no solo se requiere manejar el conocimiento sobre las normas, también se requiere las relaciones interpersonales, la experiencia y la estrategia.

La estrategia permite anticiparse a lo que va a ocurrir, prevenir inconvenientes, y aprovechar oportunidades. La estrategia es clave, para lograr los objetivos. Sin estrategia, se cometen errores y se coloca en riesgo los intereses que se están defendiendo. La estrategia es poner en práctica los conocimientos y la experiencia para que los eventos se produzcan según lo planificado.

En muchas ocasiones se presentan imprevistos o accidentes, y la falta de experiencia hace que no sean tratados a tiempo o de la forma apropiada para evitar que se presenten consecuencias adversas. Y la falta de estrategia impide, prever y anticiparse a los accidentes e imprevistos, y trazar un plan B o C para igualmente obtener los objetivos fijados.

En resumen, cada asesoría jurídica implica:

1) Conocimiento: Estudio de las normas aplicables al caso.

2) Experiencia: Implica conocer y actuar con base en experiencias anteriores, es fundamental en todos los abogados.

3) Estrategia: Planificación de cómo y cuándo actuar.

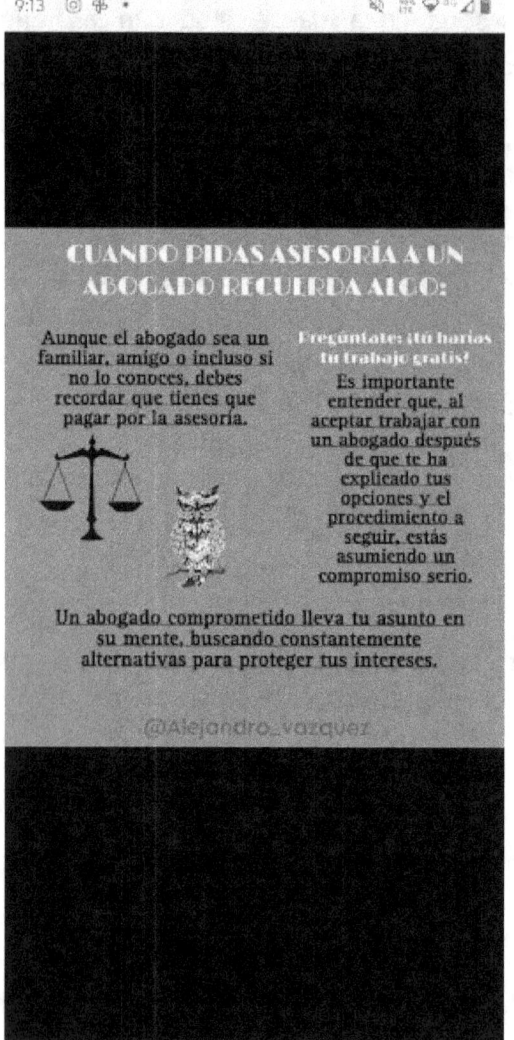

LOS LITIGANTES NO PEDIMOS TRABAJO, BUSCAMOS BUENOS CLIENTES.

La mayor parte de profesiones liberales implican la prestación de un servicio como una asesoría, la ejecución de una obra, la ejecución de un trabajo, etc.

Los abogados prestamos un servicio a nuestro cliente que consiste en una asesoría, en la elaboración de un contrato, en la representación judicial en un proceso o la realización de un trámite administrativo, a cambio del pago de unos honorarios como remuneración de ese servicio.

Nuestros servicios pueden ser temporales o permanentes, de ahí que algunos abogados sean contratados laboralmente por la prestación de un servicio permanente, que implica a su vez una remuneración y el cumplimiento de un horario, a cambio de un salario.

A diferencia de un abogado contratado laboralmente, cuyo salario y tiempo se encuentra estipulado, el abogado independiente funciona como una empresa, gana de acuerdo con la cantidad de clientes que tenga y también de a cuerdo con la calidad de los mismos. Si tienes pocos clientes, puedes organizarte mejor, pero si pierdes uno, ello afecta directamente tus ingresos. Si tienes muchos clientes, se hace necesario más organización, contratar colaboradores y distribuir muy bien el tiempo.

La calidad de tus clientes se miden de acuerdo con la proporción entre lo que pagan y el trabajo y esfuerzo a realizar. Buenos clientes, pagan buenos honorarios, y ocupan el tiempo justo. En estos casos la remuneración no solo es proporcional al trabajo prestado, sino deja un buen margen de utilidad, que permite pensar en ahorro y en reservas. Los malos clientes pagan muy mal, y el trabajo requiere mayor esfuerzo y tiempo del que están remunerando, por regla general generan más gastos, más molestias y pérdidas al ejercicio.

Los buenos clientes tienen buena información, buena organización y son eficientes en el tiempo. Los malos clientes, no tienen información, son desorganizados y mienten incluso a su propio abogado, así que terminan siendo un gran problema para el.. En todo caso, hay malos clientes que pagan bien, pero siguen siendo un dolor de cabeza, y hay que tenerles mucho cuidado.

Los malos clientes, piden rebaja, no pagan completo o no pagan, o solo quieren pagar si ganan el proceso. Los buenos clientes pagan bien, son puntuales y pagan lo prometido, y por eso, ellos no piden rebaja, uno se las ofrece porque es bueno trabajar con ellos.

El mal cliente es desconfiado, regañón, acude a otros abogados al tiempo, se queja del servicio sin justificación, y amenaza con irse con otro abogado. El buen cliente confía en su abogado, defiende su abogado, y trabaja con su abogado.

El mal cliente quiere ganar a toda costa, aún si sabe que es culpable o que teniendo que pagar, no quiere pagar. El buen cliente, es consciente que hay casos que no se pueden ganar, pero que se pueden negociar y evitar el menor daño posible. El mal cliente piensa que la justicia tiene un precio. El buen cliente es consciente de que debe pagar un precio por sus errores.

Los buenos clientes vuelven, los malos clientes no vuelven a menos que no tengan otra opción.

Los litigantes no necesitamos trabajo, sino buenos clientes, pero los buenos clientes también se construyen, y dependen de la calidad de nuestro servicio y de nuestras actuaciones. Los malos clientes siempre dirán que son malos abogados, a pesar del trabajo y del esfuerzo realizado, y son una pésima publicidad.

Cuando tengas un buen cliente, esfuérzate, se cumplido, diligente, organizado y has que sienta que tu trabajo vale cada centavo que te pago. Si identificas a un mal cliente, evita trabajar con él, pero eso sí cóbrale la asesoría.

Este artículo fue escrito para abogados o firmas de abogados, pero aplica para todos.

EL DERECHO ES PARA VALIENTES

Sin dudas, ejercer el derecho requiere de mucha valentía, implica superar el temor de hablar, de actuar, de negociar, de escribir, y de enfrentarse a la contraparte, a los funcionarios públicos como policías, jueces, contralores, fiscales, procuradores y demás.

Pasar de ser atacado, a ser atacante, es una de las principales cualidades que deben desarrollar los abogados. El discurso de los derechos, y en especial el de la violación de los derechos y garantías fundamentales, es la principal arma, para convertir una lucha perdida, en una batalla más equitativa, e incluso en una victoria inesperada.

El abogado siempre es un personaje importante para su cliente, pero es muy molesto para la contraparte. Recibe toda la carga del conflicto - y a veces uno que otro golpe o una que otra bala-, porque asume toda la representación y la palabra del cliente, y debe enfrentarse con valentía, contando nada más que con su lenguaje y conocimiento jurídico a todo el que lo quiera agredir.

Salir corriendo no es opción, llorar solo después de la batalla, y aun dándolo todo, hasta tu mismo cliente no te reconoce la hazaña.

En esta profesión no hay forma de garantizar un resultado. Puede que te vaya bien haciendo poco, o que te vaya mal haciendo mucho, tu obligación es siempre dar la pelea.

Ejercer el derecho, es una constante lucha consigo mismo, de superar sus propios límites y los miedos, estudiar cada caso, cada prueba y utilizarlo a tu favor, y a partir de ello, crear los mejores argumentos. Se debe poner constantemente a prueba a tu inteligencia y tu temperamento, para hacer bien tu trabajo.

Y es cierto, en esta profesión te ganas enemigos, propios, ajenos, ganados a pulso y gratuitos. Es una profesión donde se enfrentan constantemente los egos.

¿COMO COBRA UN ABOGADO?

Uno de los principales problemas que enfrenta un abogado cuando trabaja, es determinar cuanto vale su trabajo.

El abogado tiene que prestar un servicio, no vende como tal un producto, aunque paralelamente puede definirse que el servicio que presta un abogado debe entenderse como un producto.

En este punto, el abogado define si su servicio lo presta personalmente o a través de una firma. Si es un servicio que implica la prestación personal del servicio, quiere decir que el cliente contrata con el abogado por sus condiciones personales, y no con una firma, y ello implica que no se contrata con un grupo de personas que están respaldado el servicio, sino con el abogado individualmente hablando.

Cualquiera de las dos posibilidades son válidas y tienen tanto ventajas como desventajas, pero de ello también depende el precio que se debe cobrar, pues no es lo mismo cobrar para los gastos individuales de un abogado, que los gastos colectivos de una oficina.

El abogado debe cobrar por su gestión cualquiera sea, puede ser una asesoría, un concepto, un trámite administrativo, un trámite judicial, y debe pensar siempre en el tiempo que debe invertir para cumplir con su encargo.

Una de las mejores opciones para tasar los honorarios es cuantificar el valor de la hora de trabajo, a partir de ello, es posible cuantificar cualquier servicio. La cuantificación por hora sirve mucho para establecer tarifas de servicios de corta duración, como reuniones, asesorías o conceptos. Pero para las actuaciones administrativas o judiciales, los parámetros suelen cambiar, pues no todo cliente está en capacidad de pagar por horas, en una actuación muy larga.

También los abogados suelen cobrar por etapas, y ello implica tener claro las diferentes etapas en que se divide un proceso, y tenerle un precio preestablecido. El problema con estas ofertas es que el precio se puede congelar por años, y genera un desbalance en el precio del servicio, por ello, es mejor, que estos precios sean tasados en salarios mínimos legales vigentes, lo cual actualiza el precio con el paso de los años.

Otra forma que utilizan los abogados para cobrar, es el pago de un anticipo, y el resto al terminar la gestión. Por regla general se tasa un precio global de la gestión que se acuerda con el cliente, y se solicita un anticipo para firmar el poder, y se deja el pago del resto al final. Este es un sistema muy riesgoso para los abogados, pues no hay garantía de pago total, y si el trámite se alarga o no sale como se espera, los clientes no terminan de pagar. Sin embargo, este es un sistema que le gusta mucho a los clientes, y que a veces los abogados aceptamos a regañadientes.

El pago por asesoría es otra de las formas de pago que se utilizan, se desiste de colocar un precio a cada trámite, y se celebra un contrato de asesoría global con el pago mensual de unos honorarios previamente establecidos. En estos casos, los honorarios son rentables de acuerdo con la carga de trabajo, así, si un contrato de asesoría se tasa unos honorarios de $3'500.000.oo, es rentable, si la carga de trabajo mensual no supera 20 actuaciones, pero si la carga de trabajo supera las 50 actuaciones mensuales, los honorarios no terminan siendo muy rentables.

El cobro a cuota litis, el abogado fija como honorarios un porcentaje de lo reconocido a su cliente de la sentencia, y que puede oscilar entre un 30 o 50% de lo que se logre recuperar en el litigio. Es una forma que se utiliza en muchas ocasiones, cuando el cliente no tiene recursos para pagar un anticipo, y cuando las sumas demandadas son altas, y el abogado considera casi segura la sentencia. Esta forma de cobro, es rentable para demandas con montos de dinero muy grandes, y cuando el tiempo de gestión es relativamente corto, como de 3 o 4 años, que tendría el abogado que subsidiar con su trabajo y sus recursos toda la gestión. En estos casos también se requiere que el abogado tenga suficientes reservas para soportar la gestión sin ningún tipo de prestación.

El tema central en todo esto, es saber cuánto vale su trabajo, su tiempo, su esfuerzo y que el precio, no solo remunere los gastos y costos, sino también genere ganancias.

En muchas ocasiones, hay abogados que dicen lo siguiente: "existen casos buenos, casos malos, casos excelentes y casos pésimos, en unos se ganan, en otros se pierde..." Pero ello no debe ser así, para que ello no ocurra es necesario tener en cuenta los siguientes criterios:

Un mal cliente, es aquel que no paga lo que vale el trabajo, y pretenderá siempre que le trabajes a perdida. Es mejor rechazar a un mal cliente, para buscar buenos clientes.

Un buen cliente, paga no solo lo que cuesta el trabajo, sino que te deja una ganancia. Hay que enfocarse en atraer buenos clientes y rechazar a los malos.

Cada trámite tiene un costo, un margen de utilidad y ganancia, si no respetas ello, estás perdiendo tu trabajo.

Los buenos negocios no deben subsidiar los malos negocios, porque estás perdiendo dinero.

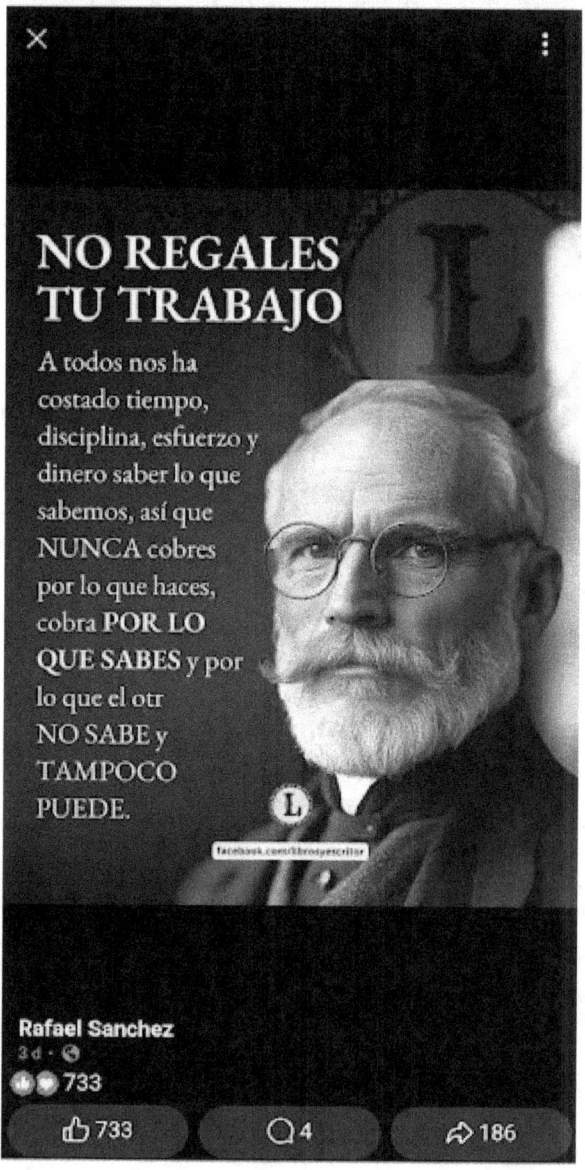

CUANDO NO ELEGIR UN CASO

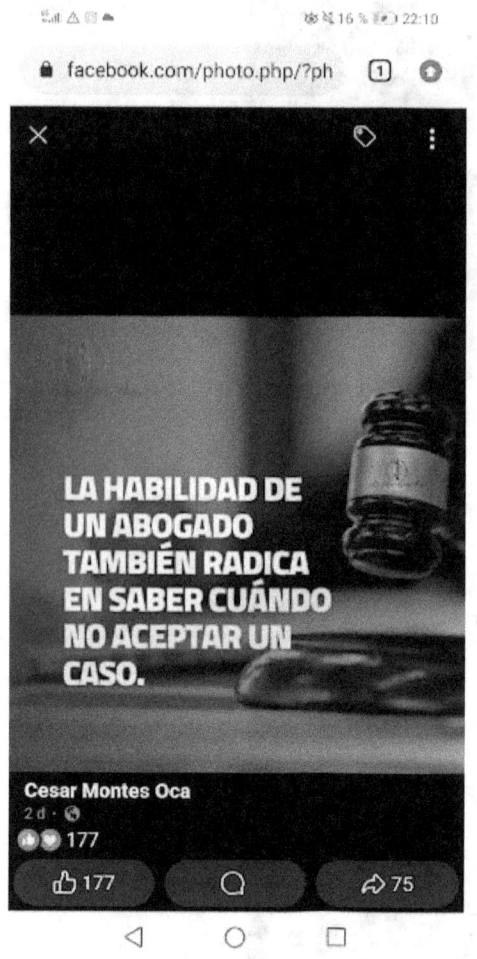

Una de las habilidades que debe desarrollar un abogado en su profesión es saber decir que No, es decir, no aceptar, o rechazar un caso.

Los abogados y las firmas de abogados también dependen de su fama y su imagen, y esta en gran parte depende del trabajo y del trato que se le de al cliente.

La sinceridad y honestidad son principios importantes en el ejercicio de la profesión.

El derecho no es una ciencia exacta, una de las reglas que debe manejar un abogado es que no se puede garantizar un resultado, pero si hay reglas contenidas en las normas y en la jurisprudencia que anticipan una igual solución de derecho a una misma situación de hecho, pero incluso a pesar de ello, hay veces que la prueba es la que falla.

Así las cosas a los abogados se nos presentan diferentes clases de casos:

Casos ilegales: implican actos contrarios a la ley y fraudes, son casos que por ética se deben rechazar.

Casos inconducentes: No tienen base jurídica, son casos rechazados por los tribunales o no tienen soporte probatorio. Por honestidad y decencia, un abogado no debería aceptar ni cobrar por llevar un caso inconducente.

Casos fáciles: son aquellos cuyo soporte legal y probatorio permiten anticipar un éxito mayor, del 80 al 100%. Son los que permiten aumentar la fama y el buen nombre.

Casos difíciles: son los que tienen una tasa de éxito menor del 50%, ya sea porque no hay regla jurídica clara o porque la prueba sea difícil, pero cuando se ganan aumentan más la fama y el buen nombre. Lo importante en estos casos es ser claros con el cliente y no hacer falsas promesas.

Casos perdidos: no existe probabilidad de éxito, pero se busca negociar para atenuar la sanción o los efectos adversos, como acceder a un descuento en el pago. Es decir, ni aún en un caso perdido un abogado deja de trabajar.

A diferencia del médico el abogado si puede escoger sus casos, y puede rechazarlos, por representar un peligro para su vida, por no llegar a un acuerdo en los honorarios, o por razones éticas, religiosas o morales. Hay ocasiones en el que se nos Presenta un caso que no manejamos o no tenemos experiencia, en esos deberíamos remitirlo a un colega o apoyarnos en uno que si lo maneje, o estudiarlo como si fuera su primer caso y prepararlo bien.

Los abogados somos los guardianes de la Ley, los protectores de los indefensos, los amantes de la justicia y los precursores de la razón, por ello, y tenemos diferentes motivaciones para aceptar un caso, pero hay que ser muy audaces al escoger los casos, pues de ello depende nuestra imagen, nuestra economía, nuestra seguridad y nuestra realización personal, académica y profesional.

LA ÉTICA EN UN ABOGADO PENALISTA

Uno de los temas de discusión en el Derecho Penal, es si en esta rama del derecho se puede hablar de ética.

En el caso del Derecho Penal, los abogados trabajamos tanto con inocentes, como con delincuentes, y uno podría también plantear que también se trabaja con cuasi inocentes, que sería una categoría especial de ciertas personas que estando inmiscuidos en ciertos hechos que pueden ser catalogados como delictivos, no merecen una pena.

En el caso de las defensas de los inocentes, es para los abogados penalistas un reto comprobar en el juicio y antes del juicio la inocencia del procesado, para buscar una preclusión, una cesación de procedimiento o una sentencia absolutoria. En muchas ocasiones la inocencia surge evidente y se pueden catalogar de casos fáciles, pero hay otros casos, donde se requiere de mayor trabajo investigativo y probatorio. En estos casos la ética no se encuentra comprometida, pues se está defendiendo una causa justa como lo es absolver a un inocente, y para ello, hay que decir que no existe mayor martirio para un abogado penalista, que le condenen a un cliente inocente.

En los casos de las defensas a los culpables, la situación cambia drásticamente. El éxito de un abogado se examina por sus casos ganados, y ello hace que algunos atendiendo a esa finalidad, realicen prácticas totalmente antiéticas como lo son: sobornar a los agentes de policía judicial o al fiscal para que desvíen o contaminen la investigación; sobornar peritos para que rindan un dictamen favorable o contrario a la realidad; matar o desaparecer a testigos; falsificar documentos; el ocultamiento y transferencia de bienes a terceros para ocultar su origen ilícito; sobornar testigos para que falten a la verdad; manipular pruebas para ocultar la verdad; o sobornar al juez para que dicte una sentencia favorable. Ello puede generar un éxito profesional, pero un desastre ético.

Otra versión de la defensa de un culpable, implica revisar el caso, revisar el procedimiento, y buscar la absolución por duda razonable, por no existir suficiente prueba, o la exclusión de las pruebas que abiertamente son ilegales, o buscar nulidades por violación del debido proceso. También se encuentra la alternativa de buscar un preacuerdo con la Fiscalía para obtener una rebaja máxima de la pena, o buscar la aplicación de subrogados penales o penas alternativas o la aplicación del principio de oportunidad. Todas las anteriores maniobras son absolutamente legales y no ponen el riesgo la integridad ética del abogado.

En el caso de los cuasi delincuentes, se trata de personas que tienen algún grado de participación y culpabilidad en un hecho, pero no tienen la participación relevante para su realización, o tuvieron un descuido o culpa, no actuaron con dolo, o actuaron porque no tenían claro ni lo que ocurría o ni la Ley que debían aplicar. En estos casos, operan las mismas reglas generales, y es de tratar de buscar una exoneración por daño intrascendente o buscar la mínima pena posible.

La ética a diferencia de la moral, no depende de cada quién, la ética son un conjunto de principios y valores que se entienden como positivos y son de carácter universal. El abogado penalista tiene la posibilidad de escoger qué tipo de estrategias va a aplicar en cada caso particular, y se enfrentará al dilema ético de realizar actuaciones antiéticas para alcanzar el éxito, incluso sugeridas y fomentadas por el mismo cliente, que es por regla general un delincuente; o actuar de forma ética de acuerdo con el caso, aplicando las herramientas disponibles en la Ley y en su experiencia.

¿QUIEN GANA EL JUICIO? EL QUE TIENE LA VERDAD? O EL QUE TIENE EL MEJOR ABOGADO?

En muchas ocasiones los abogados son contratados para hayar una versión diferente de los hechos y que le convenga al cliente. ¿Qué se le ocurre al abogado para defendernos? Es lo que pregunta el cliente.

Los abogados al analizar un caso, buscamos con base en las pruebas que se tengan una versión de los hechos diferente a los de la contraparte. Las pruebas también se interpretan, y muchas veces pueden apoyar dos versiones o más, siempre que concuerden con otras pruebas.

Se trata del trabajo más complejo de un abogado, y es encontrar una versión lógica de los hechos diferente a la contraparte, con base en las pruebas aportadas. En el derecho penal, se habla de buscar una duda razonable, en la teoría del caso de la Fiscalía.

Es encontrar una fisura en las pruebas de la contraparte, para sugerir otra historia lógica de lo que ocurrió, por ejemplo, la persona sí lo mató pero en legítima defensa, o si realizó el giró de los recursos públicos, pero actuando con la convicción de que su actuación era completamente legal, el imputado si estaba en el lugar de los hechos, pero habían tres personas más que pudieron haber realizado el delito, pero no fueron investigados.

El argumento que usa el abogado son:

Lo que dice la fiscalía qué ocurrió, es absurdo.

Lo que realmente ocurrió fue otra cosa.

Si hubiese ocurrido eso, debió darse esto otro.

El trabajo de revelar la verdad.

En muchas ocasiones, los abogados debemos descubrir la verdad de lo que dice nuestro cliente, que tiene todo en contra, y la fiscalía ha montado todo un teatro, con todas las pruebas que lo incriminan.

Son de los casos interesantes, donde poco a poco se van desvirtuando las pruebas, y se va revelando la verdadera versión de lo que ocurrió, haciendo de un caso perdido, un gran triunfo.

El arte del buen mentir.

No hay que asombrarse si se dice que los clientes contratan a un abogado para que les enseñen a decir la mejor mentira y a ocultar la verdad.

El abogado tiene fama de ser un sofista, que habla con elocuencia de algo, aunque no sea verdad.

Para muchos, el abogado es un encantador de serpientes, alguien que habla, convence y saca siempre un buen resultado.

Las cosas no siempre ocurren así, y cuando se descubre la mentira, las consecuencias son totalmente adversas.

Ahora bien, para que una mentira triunfe, debe confluir muchos errores de la contraparte para probar la verdad, o la mentira es apoyada por prácticas corruptas, como el soborno a los jueces, los testigos y los peritos.

El derecho a mentir.

En el derecho penal, el procesado tiene los derechos a defenderse y a no autoincriminarse, por tanto, su declaración no se da bajo la gravedad de juramento, y puede dar su versión sin el apremio de incurrir en prejurio. Así que puede declarar, decir su versión de los hechos y puede mentir.

De esta forma, la credibilidad es fundamental en estos casos, pues, el procesado, al tener un interés claro en no ser sentenciado, y teniendo en contra la solidaridad de la audiencia con la víctima, su declaración siempre se ve como sospechosa o bajo beneficio de inventario, en otras palabras, muy poco se le cree, a menos que goce de respetabilidad y la víctima tenga fama de mentirosa, o que su versión concuerde lógicamente con otras pruebas.

LAS HABILIDADES DE UN ABOGADO

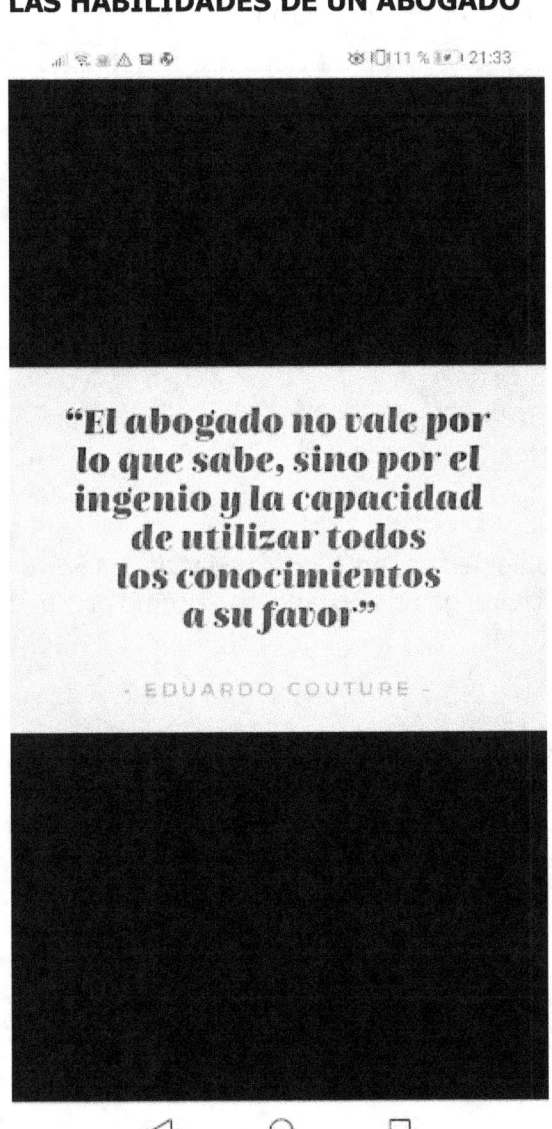

Siempre se ha dicho que se cobra no por apretar un tornillo, sino por saber qué tornillo hay que apretar.

En efecto, el valor de un abogado depende no solo de conocer el derecho, sino de cómo saberlo aplicar en el caso que está atendiendo.

El derecho es una carrera teórica práctica, donde se combinan el conocimiento y las técnicas para practicarlo. Un abogado puede saber que es un interrogatorio o un contrainterrogatorio desde el punto de vista conceptual, pero no todos manejan la técnica para practicarlo.

El abogado tiene que combinar varias habilidades para obtener sus resultados:

1) Debe manejar a personas: Clientes, contrapartes, funcionarios públicos, funcionarios judiciales.

2) Tiene que manejar el conocimiento: Estudiar los casos, actualizar la información, consultar con otras personas, especializarse en un campo.

3) Adquirir experiencia: La practica diaria, le permite adquirir experiencia, que es un factor importante. Entre mayor experiencia tenga un abogado, sabe cómo preparar un caso, y cometer menos errores.

4) Manejar los procedimientos: Aunque parezca redundante con la necesidad de conocimiento, los procedimientos son las ritualidades que se requieren para hacer bien su trabajo. Un abogado puede conocer mucha fundamentación jurídica, pero si desconoce los procedimientos, comete errores irreparables.

5) Saber cobrar: Saber cuanto vale su tiempo y su trabajo, saber cuánto necesita para mantener su familia y su oficina, saber ahorrar, saber invertir. El derecho es una buena fuente de ingresos, pero es necesario saber qué cobrar, y como invertir lo que se produce.

6) Manejar su imagen y saber vender sus servicios: Muchos abogados saben mucho, pero no tienen muchos clientes. El abogado debe saber vender sus servicios, debe ser responsable y transmitir una buena imagen a sus clientes y a sus futuros clientes. El buen trato, la puntualidad, la responsabilidad y el compromiso son las bases de una buena imagen, que hay que saber vender y promocionar, para mantener a los clientes y captar más.

LAS TRES ARMAS DE UN ABOGADO.

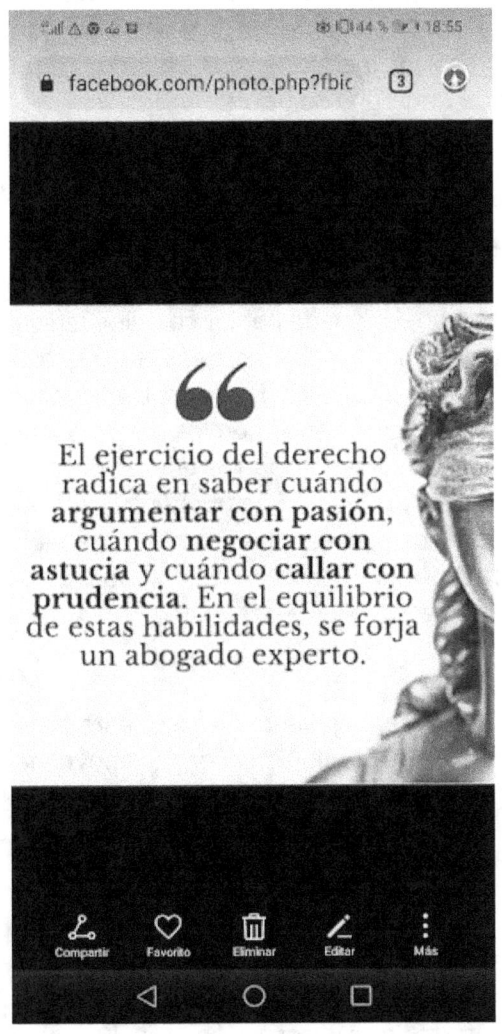

Las tres armas de un abogado y que tiene que saber utilizar: La argumentación, la negociación y el silencio.

Argumentar es el arma principal de un abogado, por regla general los clientes nos contratan para que hablemos por ellos, para que hablemos en derecho y convenzamos a la contraparte. Es una habilidad que nos enseñan en la facultad de derecho, en cada examen oral o escrito los profesores nos hacen énfasis en la argumentación y en la sustentación de las posiciones. Cómo analizar un caso, y exponer los derechos que están en juego, es la constante en la enseñanza del derecho. Leer doctrina, leer jurisprudencia, resolver ejercicios, nos da siempre las competencias para analizar un caso y tratar de darle una solución.

Hay que tener en cuenta que una cosa es la elocuencia, otra la argumentación en general, y otra, es la argumentación jurídica. La primera (la elocuencia), implica el arte de hablar con propiedad y con convicción, es más una buena actitud o predisposición para hablar en público, sin embargo, se puede hablar con elocuencia, sin tener la razón o afirmar cosas falsas. La argumentación en general, busca la construcción lógica de los argumentos, evitando la incoherencia, la contradicción y lo falso. La argumentación jurídica, es la argumentación basada en los derechos, no es lo mismo una opinión lógica, o ética, donde se sostenga que la educación para los niños no puede basarse en la violencia, a decir, que los niños tienen derecho a ser tratados con respeto, a ser escuchados y que los padres si bien tiene un derecho de corrección sobre los niños, dicho derecho tiene sus límites, y no puede confundirse el derecho de corrección con el maltrato.

La argumentación jurídica, combina la lógica con el conocimiento jurídico, para crear un argumento que le permita convencer o disuadir a alguien, con el apoyo del derecho, que a diferencia de la ética, es exigible ante las autoridades judiciales.

Negociar, es un arte milenario que implica tratar de llegar a acuerdos entre dos partes, que inicialmente se encuentran en conflicto. El abogado debe saber negociar los términos de un acuerdo, llámese un contrato, una transacción o incluso una decisión judicial. Negociar implica proponer soluciones a un conflicto que permitan el cumplimiento de las obligaciones y los compromisos a futuro. Un acuerdo no razonable es muy probable que no se cumpla y que las partes continúen en conflicto. La idea de una negociación es conseguir beneficios y evitar perjuicios, cediendo y ganando al mismo tiempo, si las partes no encuentran beneficios en el acuerdo pues no el acuerdo no tiene sentido lógico. El abogado debe identificar los beneficios del acuerdo, proponerlos y sustentarlos para convencer a las partes de firmarlo.

El silencio. Dicen por regla general que quien calla otorga, y pues sí, es una regla de la lógica y de la experiencia aplicable en algunos casos, pero no en todos. En una contienda jurídica el silencio es muy importante. Siempre se le ha dicho a los clientes que contesten solo lo que les preguntan, y que no den más información de la que se les pide. Hay situaciones que no tienen nada que ver con el centro de la discusión, hay situaciones que pueden ser mal interpretadas, y hay situaciones que no debe conocer la contraparte, ni la sociedad en general. Si una persona estuvo en la escena de los hechos y vio qué fue lo que ocurrió, no es necesario que diga que en ese momento había dejado a su amante en su casa. El silencio va relacionado con la carga de la prueba, así las cosas, quién alega un derecho tiene que probarlo, y tiene el deber entonces, de conseguir la prueba necesaria para tal fin, así que una de las actitudes de defensa de la contraparte es que si quieres que te reconozca el derecho, pues pruébamelo. En los procesos judiciales, civiles, comerciales y administrativos, las partes y los testigos tienen el deber de decir la verdad, so pena de incurrir en falso testimonio, y para ello, es necesario un buen contrainterrogatorio. Pero en los procesos penales, existe el derecho de no auto-incriminarse, por tanto, el procesado tiene derecho a defenderse, y a decir mentiras sin el apremio de incurrir en falso testimonio, solo que su declaración será sometida a contrainterrogatorio, y el juez deberá confrontarlo con las demás pruebas y bajo el criterio de la sana crítica.

La argumentación, la negociación y el silencio, son tres armas que un abogado debe saber utilizar, algunas las enseñan en las aulas de clase, otras se aprenden en la práctica.

LAS TRES ARTES DE UN ABOGADO

La lectura, la escritura y una buena expresión oral, son tres artes que debe aprender y practicar un abogado, y ello no es sencillo, pues en muchas ocasiones, las personas no logran desarrollar las tres artes al tiempo y en la misma medida.

La lectura es un hábito, que implica tiempo y disciplina. Leer, comprender, memorizar, descifrar, interpretar y por último utilizar un escrito, para crear un documento o un argumento oral, es todo un proceso intelectual, que les cuesta a quien no tiene el hábito o quien no tiene la capacidad para procesar, digerir y utilizar dicha información a su favor.

La lectura en el derecho requiere de mucho análisis para encontrar contradicciones y concordancias, interpretar los hechos, las pruebas, las normas y los contratos. Es una lectura donde la persona debe estar alerta al detalle, con un propósito puesto a favor de una tesis, y por eso, no se puede leer superficialmente, y se debe releer hasta comprender. Para hacer una buena lectura en el ámbito jurídico, se debe subrayar los apartes importantes o transcribirlos, para no perderlos, o sustraerlos en un copia y pega para ir armando las bases del escrito o el borrador del discurso, y a partir y con base en la lectura, se debe armar un esquema mental luego de procesar la información.

La expresión oral, es extremadamente importante para un abogado, sobre todo para darse a entender, explicar, preguntar, y argumentar en una reunión o en una audiencia. El abogado orador, debe organizar las ideas, escoger un buen tono de voz, mirar a su audiencia, captar la atención del público, tener sincronía entre lo que esta hablando y lo que su cuerpo expresa, trasmitir empatia, y escoger muy bien las palabras y las frases. El esquema de un discurso oral, es diferente al escrito, se deben hacer notas, pero no se puede escribir todo lo que se va a decir, porque se termina leyendo y perdiendo la expontaneidad y el impacto del discurso en la audiencia. Para hacer un buen discurso, el abogado debe elegir las palabras que le recuerden lo que va a decir, y organizar el discurso por temas. Se debe practicar antes el discurso hablando en voz alta o mentalmente. Igualmente se debe escoger los temas mas fuertes para el comienzo y para el final, comience y termine fuerte, así capta de entrada a la audiencia y la mantiene expectante hasta el final.

En la parte escrita, la precisión y sencillez de un escrito son importantes. Se debe organizar los temas muy meticulosamente, y se deben hacer las citas necesarias para que impacten al lector. La coherencia y la Lógica deben corregir cualquier contradicción, a diferencia de un discurso oral, el escrito es más exigente en precisión, tanto en el significado de las palabras, como de la escogencia de las citas, frases y argumentos que se van a utilizar. Los escritos deben contener todo lo que se quiere decir, de la mejor forma posible, con una estructura clara y con la menor cantidad de errores, sin ello, el lector se cansa, se fastidia y pierde la concentración para entender lo que esta leyendo.

Por regla general un escrito debe tener 1) una corta introducción, donde el lector sepa para que va a leer el escrito. 2) Debe tener una tesis, sustentada con varios argumentos, que permita al final, 3) llegar a una conclusión lógica, y en el ámbito del derecho, un escrito jurídico de terminar, o con una solicitud o con una decisión.

LA SABIDURÍA DE UN ABOGADO.

Sin duda en esa frase se encuentra gran parte de nuestro que hacer como abogados.

Saber interrogar razonablemente: el método socrático es un ejemplo, pero no en todo, de que a través de preguntas se llega al conocimiento. Y digo, no en todo, pues Sócrates se metió en grandes problemas por falta de prudencia. Saber interrogar y permitir que el interrogado diga o exponga lo que necesita en un caso, no es tarea fácil. El testigo es el actor en la escena, y el abogado no puede exponer, solo tiene preguntas, y un límite de tiempo y de preguntas. Para un abogado entrenado para argumentar, es difícil convertir sus mejores argumentos en preguntas, además que si una pregunta es argumentativa, la van a objetar. La lógica es, ¿que quieres que diga el testigo? Pregúntale eso, comienza con la respuesta, y a partir de ahí diseñas la pregunta. Un interrogatorio no es un tema sencillo, pues vas a tener testigos hostiles, testigos que van a mentir, testigos nerviosos, testigos olvidadizos, testigos viciosos y testigos con baja educación.

Escuchar con atención: en escuchar están los detalles. Un caso en gran parte depende de que escuches bien lo que tú cliente dice, lo que los testigos dicen, lo que tú equipo de apoyo te diga, lo que los peritos dicen. ¿Quieres saber qué hacer? escucha con atención. En un juicio, escucha bien los que dicen los declarantes, para saber qué preguntas debes hacer. Escribe lo que escuchas para que no se te olvide, procesa y analiza lo que dicen y compáralo con los documentos y las otras declaraciones.

Responder serenamente: cada actuación de las demás personas es un reto a tu inteligencia. El juez, tu contraparte, los testigos y tus clientes, buscan o requieren una respuesta de tu parte. La experiencia hace que ya tengas muchas de esas respuestas listas, Pero hay otras oportunidades donde debes analizar lo que vas a responder. El ímpetu, la rabia, el desconcierto, la duda, tienen sus pros y sus contras, hay veces que debes batirte con ímpetu y con furia, hay veces que debes guardar la serenidad. No siempre se tiene el tiempo para saber lo que harías, lo que es mejor hacer, lo que se espera de tí, y lo que es favorable a tu cliente.

Callar cuando tienes nada que decir: Nunca se deba hablar de más, solo di lo que te pregunten, guarda silencio si no estás obligado a hablar. Son algunos consejos que tenemos en mente, pero sobre todo, si tu contraparte la está embarrando, déjalo y guarda silencio. El silencio es muy importante, protege de no decir cosas confusas, irrelevantes e inconvenientes. Interrumpir, cortar o acortar una declaración es necesario cuando tantos detalles surgen como impertinentes o inconvenientes.

Saber cuándo preguntar y sobre todo que no se debe preguntar también es importante.

Todo ello hace parte de la sabiduría que debe manejar un abogado, Pero no solo eso, también la debe enseñar a sus clientes.

LA JURISPRUDENCIA Y LOS LITIGANTES

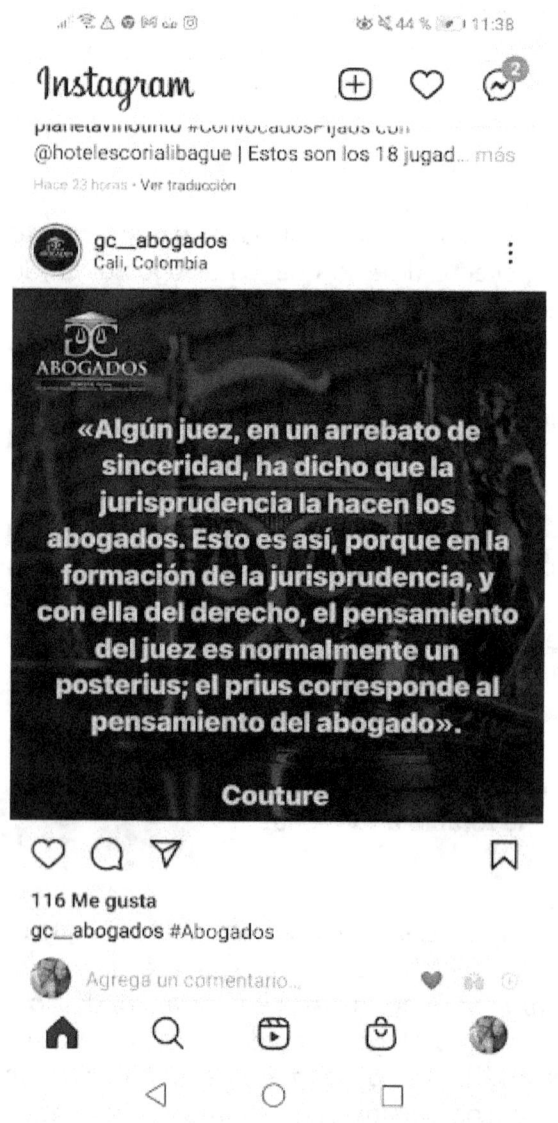

Son las mismas leyes, los mismos Códigos y la misma jurisprudencia, y los mismos funcionarios, pero solo los juristas tienen la capacidad de cambiar los precedentes judiciales.

El jurista reta constantemente al juez a variar su posición, lo confronta a tomar otra opción legal, interpreta la ley y los precedentes de manera diferente, utiliza otros argumentos, cambia las pruebas o su interpretación.

Un jurista trabaja en una línea jurisprudencia, y si no la hay la construye, la analiza, la utiliza, la crítica, y propone formas para mejorarla, porque aprende cuáles son sus fortalezas y debilidades.

El jurista no se queda con lo que hay, ni se conforma con la decisión basada en un precedente. Estudia la doctrina, el derecho comparado, se apoya en peritos de otras áreas, encuentra la falla y ataca con lógica, ciencia y razón.

Muchos abogados pueden leer las leyes y la jurisprudencia y citarlas de memoria, pero pocos tienen la capacidad de un jurista, de ver más allá de la norma.

EN QUE SE DIFERENCIA UN ABOGADO DE OTRO

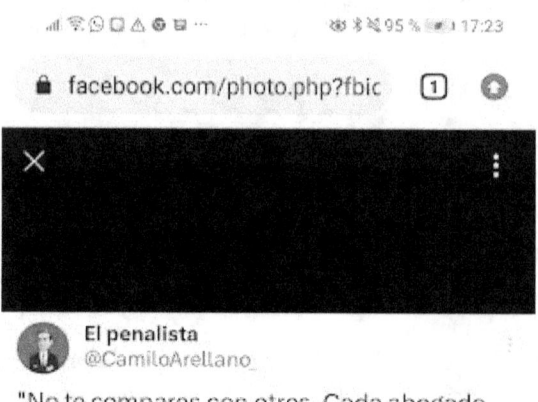

Son las mismas leyes, los mismos códigos, los mismos jueces, los mismos fiscales, los mismos funcionarios, pero los resultados son diferentes de acuerdo con el abogado, que hace diferente un abogado de otro?

El análisis, no todo abogado piensa con claridad, ni tiene la capacidad para plantear soluciones diferentes a las contenidas en las leyes o en la jurisprudencia, y a pesar de tenerlas todas a su alcance, no es capaz usarlas a su favor o encontrar una falla que le dé una ventaja.

La personalidad, el Abogado debe tratar con personas: clientes, testigos, peritos, contraparte y funcionarios, todos son diferentes y tienen fines diferentes. Saber hablar con todos, escuchar a todos y que todos te escuchen, es un don, no todos saben eso, y utilizarlo a su favor.

Estrategia, saber respetar a quien debes respetar, saber atacar cuando hay que atacar, saber variar la táctica en el momento que toque variar, ceder cuando hay que ceder, preparar cada detalle de un caso para lograr el objetivo. No siempre se puede vencer, pero se puede evitar una condena mayor. La experiencia de casos anteriores le permite a un abogado tener en su arsenal, varias opciones.

LA MEMORIA DE UN ABOGADO.

La imagen que tiene la gente de los abogados, es que somos personas que tenemos las leyes y la jurisprudencia en la mente, y las recitamos cual credo al pie de la letra. Si bien una de las habilidades que debe desarrollar un abogado es tener buena memoria, nuestro trabajo está muy lejos de solo recitar las normas y la jurisprudencia al pie de la letra.

El abogado tiene que memorizar muchas cosas, en especial, los procesos jurídicos, las etapas de cada proceso y las ritualidades que se deben seguir, para saber qué actuaciones debe realizar. En la memoria de un abogado debe estar claro lo que debe hacer en cada juicio y en cada etapa del procedimiento. Igualmente, debe estar claro que normas y que jurisprudencia puede aplicar a cada caso, teniendo presente que cada caso tiene una regla general, pero también tiene sus excepciones, y ello, también debe estar presente en la memoria de un abogado, luego de estudiar el caso. Adicionar debe crear una teoría del caso, y debe construir unos argumentos convincentes a partir de ella, que permitan convencer al juez.

En la memoria de un abogado se graban las normas, los hechos y las pruebas de cada caso, cuando lo estudia, pero por tener varios casos al tiempo, lo mejor es que escriba las memorias de cada caso, para no confunda unos con otros, y no se le olviden los detalles de cada uno.

El abogado por regla general es un extraño que llega después de ocurrido los hechos, y comienza a reconstruir el caso, a partir de la información que obtenga de sus clientes y de las pruebas, muchas veces no todos saben lo que realmente pasó, o en otras ocasiones los clientes saben qué ocurrió pero le mienten a su abogado, ya sea por vergüenza de lo que ocurrió, por proteger a su familia, por proteger a otra persona, por evitar que lo juzgue su abogado, o pretenden engañar a todo el mundo con su gran mentira.

Lo importante en cada caso, es el detalle, y eso es lo que debe memorizar un abogado para aprovecharlo al máximo.

Otro de los temas que todo un abogado debe tener en cuenta en su memoria, es cómo organiza toda la información que debe procesar, la información que va a utilizar y la forma como la va a presentar. En un caso, pueden existir muchos papeles, documentos y pruebas, de las cuales, hay unas que favorecen, otras que perjudican y otras que no tienen trascendencia alguna, este es el primer filtro que deber realizar, y para ello, debe hacer una selección de las pruebas pertinentes y necesarias. Posteriormente, el abogado debe hacer un análisis posterior que le permita establecer, qué pruebas puede utilizar a su favor, y qué pruebas le perjudican, tratando de ver como aprovechar al máximo las que le favorecen, y como controvertir y anular las que le perjudican. Con base en dicho trabajo, debe ver qué pruebas puede adicionar o qué requiere para favorecer su teoría del caso.

Cada documento, cada testigo, cada perito y en general, cada prueba requiere un grado de atención, para descubrir los detalles que le permitan una ventaja en el caso. Cada interrogatorio, tendrá un contrainterrogatorio, cada peritaje, podrá tener un contra-peritaje o un contrainterrogatorio, un documento podrá ser desvirtuado por falso, por ser alterado o por ser inverosímil. Hoy en día hay pruebas más complejas como una grabación en video, una grabación de audio o los documentos electrónicos, que requieren de otras ciencias para poderlos trabajar en una audiencia, y para objetarlos.

Con base en todo ese trabajo, el abogado debe elaborar una teoría del caso que plasma en la demanda, o en los casos penales, en el escrito de acusación o en el alegato de apertura. Aquí es donde el abogado debe ser muy cuidadoso, pues debe hacer una buena combinación entre los hechos, el derecho y las pruebas, para ir convenciendo al juez de su causa.

Luego en el juicio, deberá tomar todo ese trabajo previo y llevarlo a la práctica, porque una cosa es seleccionar las pruebas, y otra cosa es la verdadera práctica en el juicio. Muchas veces, los testigos se enredan en la audiencia, o no se dan a entender de la mejor manera, o terminan diciendo algo diferente, dejan de decir algo o dicen algo de mas. A veces un testigo es totalmente desacreditado por la contraparte. En otras ocasiones los peritos no terminan siendo suficientes para probar determinado hecho. como dije, una cosa es seleccionar las pruebas y trabajarlas antes del juicio, y otra cosa es la practica de una prueba en el juicio, además de que muchas veces no todo sale como lo esperado, también hay tener en cuenta que hay una contraparte que no te hará en trabajo tan fácil, y que aprovechará cada error que se cometa.

En la memoria del abogado debe quedar todo lo ocurrido en el juicio, porque a partir de ello, deberá hacer un alegato de conclusión, y si la decisión es contraria, deberá presentar los recursos que establezca la ley. En esta última fase, deberá nuevamente hacer la combinación más razonable entre los hechos, el derecho y las pruebas, para convencer a los jueces de fallar a su favor.

Los abogados deben tener memoria para manejar cada caso, y como vimos, no se trata solamente de recitar leyes o jurisprudencia al pie de la letra, se trata de un trabajo especial que implica el estudio de cada caso concreto.

La memoria de un abogado se fortalece con la experiencia, cada caso que toma, le permite mejorar sus conocimientos, y le hace perfeccionar su confianza y su técnica en la práctica de interrogatorios, alegatos y recursos.

LA VERDAD PROCESAL Y LA VERDAD REAL

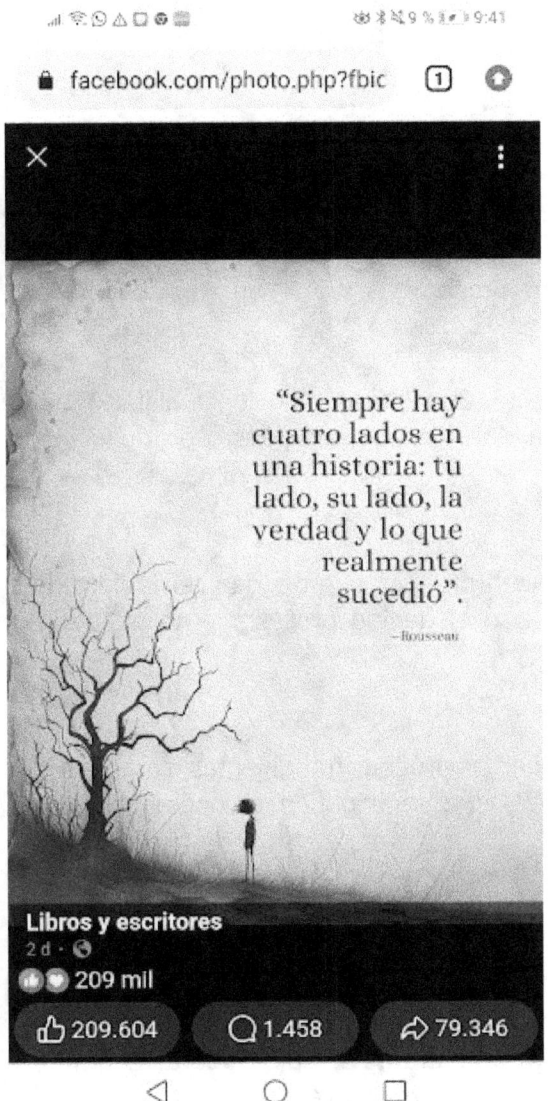

 Si se inicia un juicio para analizar la responsabilidad de una persona, el juez tendrá que escuchar a las dos partes y tomar una decisión. Eso suena fácil pero en la práctica no es tan sencillo.

Los jueces tienen que lidiar muchas veces con procesos difíciles donde la versión de cada una de las partes es totalmente opuestas y las pruebas no son tan claras.

En el derecho se hace la diferencia entre la verdad real y la verdad procesal, porque en un juicio, hallar la verdad se encuentra limitada por el tiempo, la práctica de la prueba y la legalidad de la prueba.

Así el tiempo es un limitante importante, por un lado se encuentran las oportunidades para presentar las pruebas y practicarlas, ambos tienen límites, pues de lo contrario los juicios nunca terminarían, por eso se colocan unas oportunidades para presentar pruebas, y un tiempo para practicarlas.

En la práctica de pruebas se puede presentar que el testigo no llegue al juicio, o que llegue y diga lo contrario de lo que iba decir, o que sea puesto en duda por la contraparte.

En la legalidad de la prueba, no se admiten pruebas que podrían ser importantes, pero que violan derechos fundamentales o el debido proceso, y no pueden ser tenidas en cuenta por el juez.

Además de lo anterior, habría que adicionar las pruebas fraudulentas, como testigos y peritos comprados, o documentos falsos, que engañan al operador judicial, alejándolo de la verdad real.

Así las cosas, existe una verdad procesal en cada juicio, de acuerdo con lo probado, a partir de la versión del demandante, la versión del demandado, lo probado en el juicio, y la versión que imprime el juez en la sentencia, que puede ser recurrida por las partes, y revisada por un juez de mayor jerarquía, quien podrá reafirmar la versión del juez, o en su defecto podrá crear una nueva versión.

¿QUE PIENSAN LOS ABOGADOS?

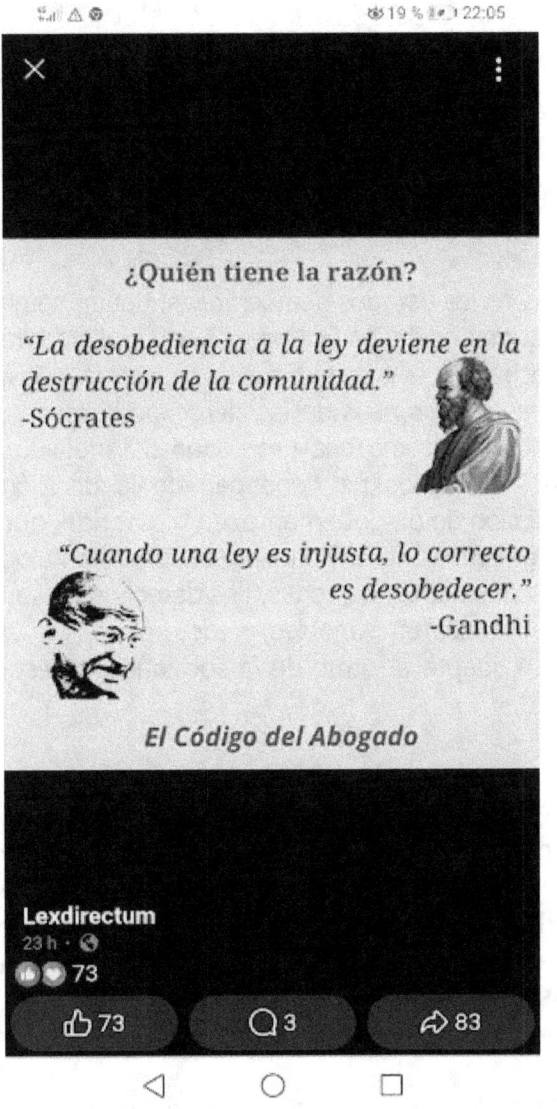

En la teoría jurídica siempre está presto el debate entre los que defienden la aplicación de una norma, y los que atacan la obediencia de la misma.

El eterno debate entre positivismo y iusnaturalismo, entre los que defienden la validez del derecho para garantizar la seguridad jurídica, en cuanto se pueda determinar previamente el trato de todas las personas ante la Ley, así como su obediencia y fuerza normativa, y los que critican los efectos de una norma a ultranza, por considerarla inadecuada o contraria a los derechos que busca proteger.

En el positivismo rígido se oculta la infamia del fascismo, dura es la Ley pero es la Ley, eso le dijeron a los judíos en su momento. La ley no es Ley por el simple hecho de haber sido creada por un órgano competente para ello (Poder legislativo), de ahí que Gandhi tenga razón en parte, pues es muy difícil obedecer una Ley injusta, pero la desobediencia civil a ultranza, destruye la civilización y conduce a la anarquía o al estado de naturaleza de que habló Hobbes.

Los tribunales constitucionales dispuestos en los Estados democráticos, tienen como principal función proteger los derechos humanos de los ciudadanos, de la dictadura de las mayorías. En la democracia, las decisiones se toman a través de las mayorías, y no siempre esas decisiones son las más respetuosas de los derechos humanos, por ello, los derechos humanos se constituyen como una protección del individuo anti-democrática, es decir, los derechos humanos no dependen de la decisión mayoritaria en un congreso, o en una elección de un gobernante, en tal sentido, que los derechos no son lo que piensen una mayoría, sino un concepto abstracto dirigido a proteger a los individuos del Estado y de las demás personas. Los derechos no son conceptos rígidos y determinados, sino conceptos variables, y determinables, el derecho es una creación humana que se adapta al ritmo de la sociedad que está dirigido a regular.

Y por eso, ni Sócrates ni Gandhi tienen toda la razón, pues los derechos no son ni lo que la mayoría haya decidido, ni tampoco, lo que la mayoría haya decidido no obedecer. Es más, Sócrates murió defendiendo su postura en un juicio en el que fue vencido por las mayorías, y del que decidió no salvarse para dar su ejemplo, y Gandhi fue asesinado por sostener la desobediencia civil, que liberó a la India del imperio Británico. Ambos fueron mártires de sus posturas.

Todo abogado debe entender este dilema del derecho, en el que existen normas que se deben obedecer, pero otras que se deben omitir y cambiar, por eso hay quienes dicen que existe una diferencia entre aplicar el derecho y hacer justicia, la visión de Sócrates está más relacionada con aplicar el derecho, y la de Gandhi de hacer justicia, sin embargo, una visión unificadora de estas dos posturas diría que no puede haber un derecho injusto, es decir, que ambos no se pueden entenderse por separado y que son uno solo, lo que al parecer concuerda con la frase de Gandhi.

Por esta razón, cada vez que le preguntas a un abogado por un caso, la respuesta más precisa es: Depende... ¿por qué? Porque en el derecho no todo se encuentra escrito, porque existen reglas y principios, porque existen dos argumentos contrarios totalmente lógicos y válidos, y porque no solo es lo que alegues en derecho, sino lo que puedes probar.

En el derecho hay muchos abogados y jueces que piensan como Sócrates, pero también hay muchos otros que piensan como Gandhi, y todos los días se enfrentan en audiencias y tribunales.

¿Qué piensan los abogados? Todo esto y mucho más...

EL ABOGADO Y EL ARTE DE NEGOCIAR

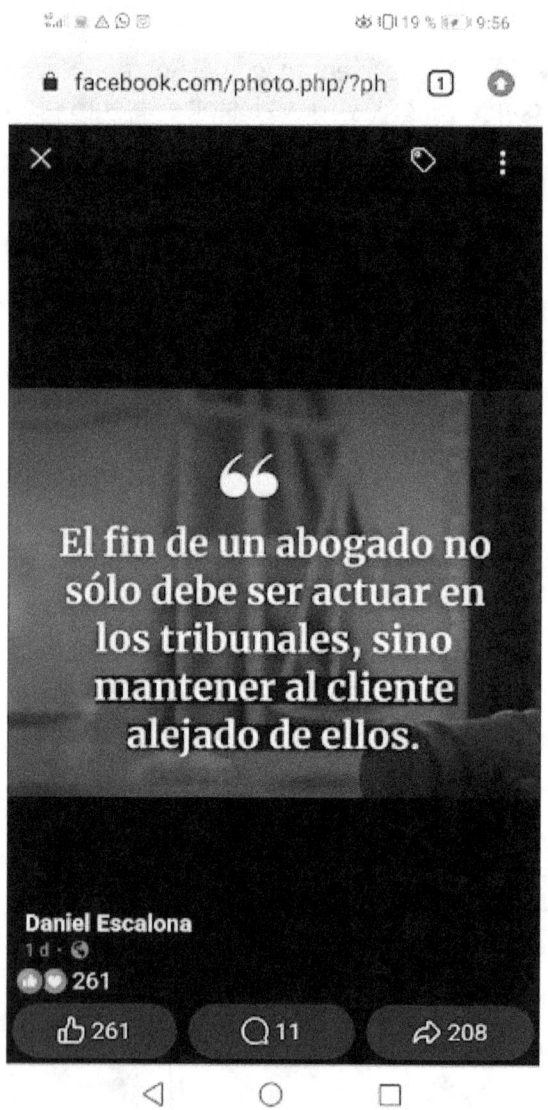

EL ABOGADO Y EL ARTE DE NEGOCIAR.

Uno de los principios que debe manejar todo abogado es que es mejor un mal acuerdo que un buen pleito, pero el saber negociar implica que un acuerdo no tendría por que ser malo. El arte de negociar mantiene a los clientes lejos de los tribunales, les ahorra tiempo y dinero.

La negociación implica varias cualidades:

1. Conocimiento: Se debe conocer el caso, los puntos fuertes, los puntos débiles, el interés de las partes, los márgenes de negociación, pérdidas y ganancias. Conócete a ti mismo, y conoce también a tu enemigo.

2. Preparación: Para negociar se debe preparar el caso previamente, no se debe improvisar, se deben tener los soportes de todo, tener un libreto, preparar las propuestas y fijar una estrategia. No se puede ir a la guerra sin balas.

3. Estrategia: preparar una estrategia, con plan A, Plan B y Plan C. Se debe ser flexible hasta donde los márgenes e intereses del cliente lo permitan. El tiempo y los costos permiten variar la estrategia, y por eso, se debe revalorar las opciones. Se deben jugar también con los intereses de las partes, y apelar a la razón para plantear y elegir las opciones. Quien no tiene la capacidad para adaptarse a su favor en el campo de batalla, puede perderla.

4. Convencer: para llegar a un buen acuerdo se debe convencer a la contraparte y también a tu cliente, en una negociación se debe ceder, y cuando se cede, se debe convencer a tu cliente planteandole las ventajas de ceder. No siempre le puedes dar la razón a tu cliente, y debes tener empatia con la contraparte, es de los trabajos más complicados, pues se pone a prueba la lealtad que se enfrenta a la razón.

5. En una negociación, ceder no es perder, pero hay que saber y tener claro, cuando retirarse de la mesa. En la negociación ceder muestra interés en llegar a un acuerdo, y levantarse de la mesa es la actitud más hostil en una negociación. Hay que presionar y escuchar, analizar las propuestas, y tener claro que pueden existir acuerdos parciales, y que los acuerdos no se logran en un solo momento. No se puede negociar con personas que quieren imponer su posición y sus intereses a toda costa, y no tienen disposición para ceder, ante esas personas, o ganas tiempo, o te paras de la mesas y no pierdes tu tiempo.

LA IMPROVISACIÓN EN EL EJERCICIO DEL DERECHO

En muchas ocasiones a los abogados nos contratan con la idea de que todos sabemos que hacer en un conflicto determinado, y que sabremos que decir, como discutir y como pelear en un momento dado. La frase de siempre es, abogado yo lo contraté para que me defienda. Muchos clientes piensan también que los abogados somos magos que vamos a sacar de un sombrero lo que ellos piensan que se puede lograr, y otros, ven al abogado como un personaje capaz de corromper a todo el mundo para beneficiarlos.

Los abogados estudiamos mucho para analizar los casos, saber cuales son los derechos en juego, y argumentar en derecho lo que corresponda.

No es una labor sencilla, afrontar un caso, o un conflicto ajeno como propio y tratar de darle una solución inmediata. No se trata de algo que se aprenda de la noche a la mañana, se trata también de la experiencia y de la capacidad de aprender de cada caso, cómo se debe enfrentar cada situación de la mejor manera.

Existen perfiles de abogados pendencieros, alegadores, gritones, algunos con éxito, otros sin pena ni gloria, que se enfrentan a los gritos contra las otras partes, tratando de intimidar, doblegar y humillar. Es una estrategia de algunos, y es la imagen que tienen muchas personas de los abogados.

No todos los abogados son de ese estilo, hay quienes enfrentan cuando hay que enfrentar, argumentan cuando hay que argumentar, acuerdan cuando hay que acordar, en resumen tienen un abanico de posibilidades de reacción de acuerdo con cada caso. Ello no es tan fácil, pues se requiere de conocimiento y experiencia para adoptar la mejor estrategia.

Así como el ajedrez, en el derecho se debe planificar los movimientos que se deben hacer, y los estudios han demostrado que el ajedrecista reacciona con base en su experiencia así como los deportistas, es decir, cuando se practica un deporte, se repite y se repite un movimiento hasta crear una memoria muscular que haga que el cuerpo repita un movimiento cada vez que se presenta la misma situación. Así el ajedrecista, como el deportista realiza un movimiento con base en su experiencia previa y en su práctica, el abogado toma de sus experiencias pasadas y de su estudio previo, la mejor forma de sortear una situación.

La habilidad para elaborar una estrategia para un caso y cambiarla en el camino, la adquiere el abogado con el paso del tiempo, con el estudio y la acumulación de la experiencia. No se trata de una improvisación, pues en el derecho improvisar puede ser muy arriesgado, se trata de construir una estrategia previamente, y replantearla y reformarla a medida de que va avanzando el caso. La capacidad de reacción y la escogencia de una estrategia correcta hace la gran diferencia entre el éxito o la derrota.

Se puede decir que la improvisación conduce a malas decisiones que llevan al desastre y a la pérdida del caso, o a decisiones riesgosas, dejando al azar y a la suerte la conclusión de un asunto jurídico, lo cual, en muchas ocasiones conduce también al desastre. En consecuencia, la lógica indica que el abogado no debe improvisar.

Algo diferente es que el abogado haciendo de ajedrecista, conozca el juego, conozca cómo mover las fichas, diseñe una estrategia y en el camino, la vaya ajustado para lograr los objetivos de conformidad con la Ley y el Derecho, basándose en su conocimiento y su experiencia.

EL PAPEL DEL JUEZ

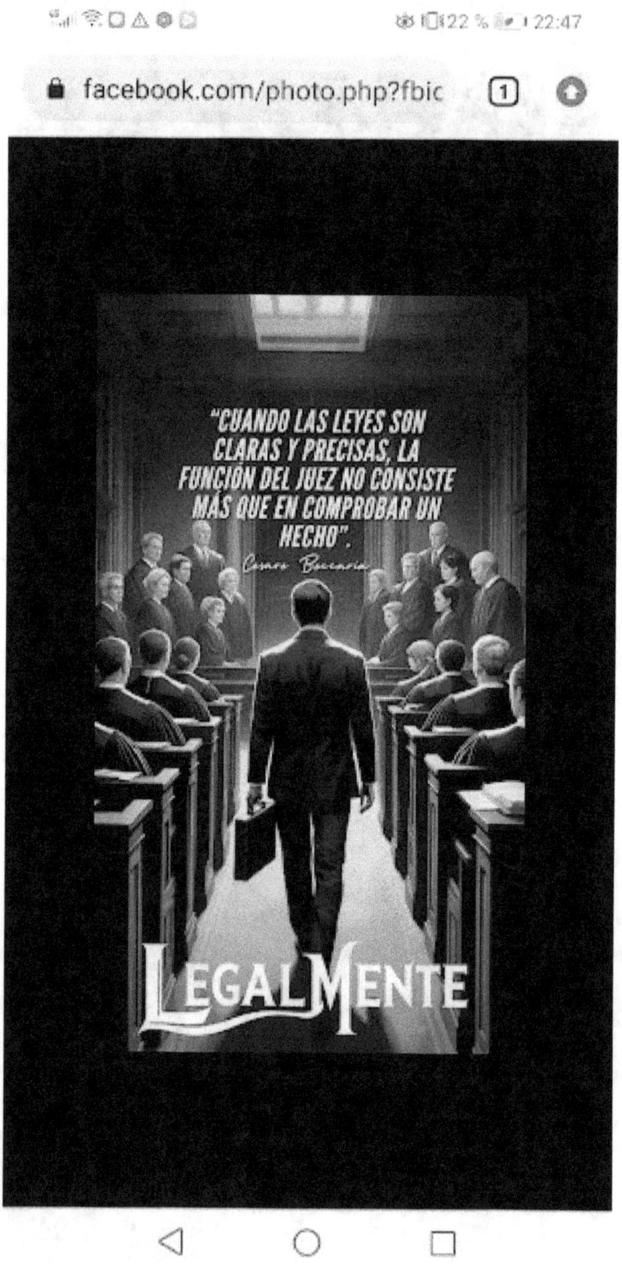
22 % 22:47
facebook.com/photo.php?fbic
"CUANDO LAS LEYES SON CLARAS Y PRECISAS, LA FUNCIÓN DEL JUEZ NO CONSISTE MÁS QUE EN COMPROBAR UN HECHO".
Cesare Beccaria
LEGALMENTE

En el mundo occidental existen dos sistemas jurídicos enfrentados, el primero, el Civil Law que plantea la preminencia de la Ley sobre la creación jurídica de los jueces, y el segundo, el Commom Law, que plantea la prevalencia de la creación jurídica de los jueces sobre el derecho escrito.

Mientras que en el Civil Law el juez puede crear derecho de forma excepcional, cuando no exista norma aplicable, en donde prevalece la Constitución y la Ley sobre el resto de normas, en el Commom Law, se crea un sistema jurídico basado en precedentes judiciales donde se tienen decisiones previas de los tribunales como fuente principal del derecho, que los jueces están obligados seguir, y que por ello, solo pueden crear derecho cuando no tengan una regla clara para definir el caso. Ambos sistemas buscan garantizar la seguridad jurídica, que es que los ciudadanos conozcan previamente como serán resueltos los casos por los jueces, los primeros a través de la Ley, los segundos a través de los precedentes.

La situación sobre estos sistemas es que por una parte, se plantea que el juez no puede hacer otra cosa que analizar e interpretar las pruebas, pues la solución jurídica ya está dada por la Ley. Si bien es cierto que el Juez debe respetar la seguridad jurídica ya sea a través de la Ley o del sistema de precedentes, pero como bien lo dijo Zavascki, la finalidad del juez debe ser solucionar conflictos, no crearlos, y para ello, debe acudir al principio de proporcionalidad y al método de ponderación para plantear las soluciones más justas para las partes.

En principio hay que tener en cuenta que el sistema de derechos no debe depender de la democracia, porque algunos derechos son antidemocráticos, como son los derechos de las minorías, y algunos temas de grandes repercusiones morales y religiosas como el aborto o la eutanasia.

Los derechos no pueden depender de un sistema de gobierno o de un gobernante, pues, si el sistema de gobierno establece que es legal la muerte a un grupo étnico o político, pues se acaba el sistema de derechos.

Por esta razón, le esta dado a los jueces desconocer las Leyes injustas.

El sistema de los derechos no puede depender del derecho internacional o de sus autoridades, pues existen Estados, donde la comunidad internacional no puede o no quiere intervenir, o suele tomar medidas en forma tardía.

En un Estado, cuando el Legislativo y el Ejecutivo no concretan una forma de proteger derechos vulnerados, le toca a los jueces en el discurso de los derechos, hallar la mejor solución del conflicto.

Este es el gran dilema entre positivistas y iusnaturalistas: ¿el juez crea o interpreta el derecho?

Interpretar es dar significado, sentido y alcance a un texto legal. En efecto, cuando se quiere aplicar una norma a un caso, se debe hacer una interpretación de la norma dándole un sentido para establecer si un hecho encaje en el supuesto y merece la consecuencia que la norma dispone.

Para crear derecho se requiere partir de una base jurídica y se requiere también partir de la interpretación del derecho vigente, para concluir de que no hay norma aplicable, pero que el hecho si requiere una solución jurídica de acuerdo con los fines y principios del derecho.

El tema es un poco más complejo, pues en muchas ocasiones cuando se interpreta la norma, se le puede dar un sentido extensivo o restrictivo, y en ese orden de ideas, el juez utiliza la interpretación para llenar vacíos, y termina por vías de la interpretación creando derecho, o restringiendo un derecho según el caso.

Según los positivistas extremos, el juez solo puede interpretar el derecho, porque la labor de creación le corresponde al legislador que está legitimado para hacerlo, por la democracia y por la teoría de la división de poderes.

Según los positivistas más moderados, el juez puede crear derecho de forma excepcional cuando no hay norma, o existe una laguna, haciéndose necesario que el juez cree derecho, en esos casos difíciles (Hart).

Según los iusnaturalistas el derecho no tiene lagunas, el juez siempre tiene que fallar en derecho y para hacerlo, no solo cuenta con reglas, sino con principios (Dworkin), que son normas abiertas que sirven para interpretar, integrar y crear derecho.

En la teoría del derecho, los derechos fundamentales se ponderan y no se anulan, pues son de textura abierta como los principios, lo que implica un método de argumentación que sustenta porque en un caso particular un derecho debe ceder a otro, que en el caso resulta de mayor valor (Alexy).

Hay quienes se oponen a la ponderación por considerar que al ponderar se anula un derecho, para aplicar el otro, y de que el método de ponderación es subjetivo, pues el mayor valor de un derecho lo asigna el intérprete de turno (Gracia).

Quienes están a favor de la ponderación consideran que es mejor tener un método, que no tener ninguna referencia para que el juez valore, y se corra el riesgo que lo haga bajo su arbitrio (Bernal Pulido).

¿QUE ES LA ARGUMENTACIÓN JURÍDICA?

Para saber qué es la argumentación jurídica, es necesario diferenciarla de la argumentación en general, la retórica y la elocuencia, que muchas veces se confunden.

La elocuencia se puede definir como un adjetivo positivo de alguien que sabe argumentar y sabe convencer, así las cosas, alguien es elocuente cuando utiliza buenas técnicas de retórica y de argumentación, y logra convencer a la audiencia sobre algún punto que quiso tratar. Ahora bien una persona elocuente, puede llegar a persuadir a la audiencia por otros medios diferentes a la argumentación, así por ejemplo, puede valerse de falacias o engaños y aún así logra su objetivo, pues hace que la audiencia lo siga a través de un engaño o un error. También una persona puede ser elocuente utilizando el poder, ya sea por coacción o por la autoridad que ostenta frente a las demás personas que solo pueden seguir sus mandatos, como ocurre con un capitán de barco hacia su tripulación, un general del ejército ante sus soldados, un padre frente a sus hijos o un alcalde frente a sus empleados. Así las cosas, ser elocuente no siempre significa saber argumentar.

La retórica por su parte, se puede definir como un conjunto de técnicas que permiten hablar bien en público. La retórica abarca muchos aspectos, como por ejemplo, el tono de voz, la posición al hablar, los temas a tratar, la mirada del orador, las estrategias y obvio, también los argumentos. Sin embargo, la retórica tiende más a la técnica de hablar bien en público, e incluso, deja de lado la argumentación, cuando se pierde la estética. A veces la retórica premia tanto el hablar bonito, que no importa si lo que se dice es un sofisma; en otras palabras, no importa si lo que dices es verdad, pero, por lo menos, dilo bonito o con elegancia. Así las cosas, el arte del buen hablar en público, puede utilizar la argumentación, pero no sigue siempre sus reglas, además que se encarga de otros temas, como se dijo anteriormente, como son la postura, el tono de voz, etc.

La argumentación general en cambio, es la técnica para soportar una postura, un punto de vista, una petición o una decisión. En todas las relaciones humanas requerimos de la argumentación. Desde que nacemos la principal arma que tiene un niño es: ¿Y por qué? Todas las cosas van bien, hasta que alguien pregunta ¿Por qué? La ciencia se ha desarrollado con esa pregunta. Casi todo, desarrollo literario, intelectual y gramatical se traduce en el porqué de las cosas. El porqué es un reto intelectual, se puede traducir en "No te entiendo", "No me convences", "No estoy de acuerdo", y por tanto obliga al orador a esforzarse para dar razones de su punto de vista.

La argumentación en términos generales es un esfuerzo intelectual por sostener y fundamentar una postura, que puede darse en cualquier contexto: ¿Por qué se genera la lluvia? ¿Por qué un año es bisiesto? ¿Por qué necesitamos la gasolina? ¿Por qué quieres irte de viaje a Roma? ¿Por qué quiere trabajar en esta empresa? ¿Por qué quieres estudiar derecho? ¿Por qué quieres casarte con alguien? ¿Por qué quieres tener hijos?

Así las cosas, la argumentación general le permite a una persona crear conscientemente los argumentos que le permitan sustentar su posición en diferentes contextos de la vida diaria. Cuando los argumentos no son suficientes o son contradictorios, se pierde la oportunidad de convencer a alguien, de que haga o deje hacer algo que tú quieres.

Ahora bien, qué es la argumentación jurídica, también es una técnica de argumentación enfocada en los derechos de las personas. Argumentar en derecho, es decir las razones por las cuales una persona o un grupo de personas tienen o no tienen un derecho exigible, aplicable o violado. Así entonces los problemas jurídicos inician también con un por qué, pero diferente: ¿Por qué Juan actuó en legítima defensa en contra de Pedro? ¿Por qué José tiene derecho a la propiedad sobre el predio que posee Alberto? Descubrir cuáles son los argumentos a favor o en contra de una postura, es el trabajo de los juristas, y la elaboración de esos argumentos, es una técnica que se llama argumentación jurídica.

IMPORTANCIA DE LA ARGUMENTACIÓN JURÍDICA

Cuando se quiere analizar la importancia de la argumentación jurídica como disciplina jurídica, es necesario preguntarse ¿Qué es el derecho? Y ¿Cómo se hace el derecho?

Ambas preguntas conducen a que la principal arma de un jurista por encima de cualquier cosa, es la argumentación jurídica. El derecho escrito va cambiando, las sociedades van cambiando, las relaciones humanas van cambiando y lo único que hace que algo se mantenga o algo cambie en el derecho, son los argumentos que soportan determinada posición jurídica.

El poder creador del derecho en la actualidad no goza de exclusividad, por lo tanto, el derecho no es solo lo que disponga el legislador. La autonomía de la voluntad de las partes es fuente creadora importante del derecho, las autoridades administrativas con su poder de regulación hacen otro tanto, pero los jueces a los que antes se le había vedado la posibilidad de crear derecho, hoy en día no solo interpretan la norma, sino crean derecho. El constitucionalismo jurídico, permitió que los Tribunales Constitucionales pudieran interpretar derechos fundamentales y principios constitucionales, teniendo incluso la potestad de excluir normas del ordenamiento jurídico creadas por el legislador, cuando éstas generen una contradicción abierta con las normas Constitucionales.

Los grandes debates del derecho como son la legalización del aborto, la legalización de la dosis personales, la legalización de la droga, los derechos de las parejas del mismo sexo, los derechos de las minorías raciales, los derechos de las mujeres, los derechos de las personas de la tercera edad, la eutanasia, entre otros, son debates jurídicos guiados por toda una técnica de argumentación jurídica que permite ponderar los derechos en conflicto y soportar razonablemente una decisión.

Hoy en día no hay duda de que los jueces pueden crear derecho, pero este poder creador depende de los argumentos que soporten la decisión. Pero este proceso de argumentación jurídica no sólo lo hacen los jueces, sino toda la comunidad jurídica implicada, puesto que para que un juez pueda fallar, se requiere que exista una demanda, o que se de inicio a un procedimiento que implique tomar una decisión de fondo. De ahí que los abogados litigantes, las facultades de derecho, las autoridades públicas aporten argumentos en los debates jurídicos, y terminen influyendo en las decisiones de los jueces.

De acuerdo con lo anterior, todo abogado tiene también un poder creador del derecho cuando presenta sus argumentos jurídicos y sus recursos en los estrados judiciales, haciendo incesantemente la revisión y revaluación de los derechos, promoviendo su cambio o reinterpretación.

En este proceso argumentativo, también podemos encontrar el trabajo de la doctrina o la dogmática del derecho, donde la comunidad académica también analiza, revisa, avala o revalúa la aplicación del derecho, a partir de la argumentación jurídica.

Podemos decir entonces, que la argumentación jurídica es la principal arma de todo abogado, que le permite sostener una postura sobre un caso, sobre un derecho, sobre una política, sobre una norma.

La argumentación jurídica es el qué hacer de los abogados, es la única profesión en la que se enseña el discurso de los derechos, y se enseña a ponderar los derechos. Todas las personas pueden leer una norma y pueden interpretarla, pero solo los abogados conocen las técnicas de ponderación e interpretación del derecho, que les permiten argumentar que toda regla general, tiene una excepción, y que a veces una excepción, se vuelve regla general. Y todo depende no del derecho, sino de la argumentación jurídica, es decir, las razones y argumentos que se esgriman para fundamentar una decisión.

En el derecho, se afirma que existen casos fáciles, casos difíciles y casos trágicos.

Los casos fáciles son los que inicialmente, la respuesta se encuentra en el derecho creado, es decir, hay suficiente soporte en el derecho creado para dar una respuesta al caso, y su grado de aceptabilidad en la comunidad jurídica estaría dado en más de un 90%. En estos casos, es muy difícil que prospere un argumento en contra, y la posibilidad de que un juez se aparte del derecho precedente es muy baja, a menos que se presente una circunstancia excepcional que amerite un cambio radical.

Los casos difíciles son aquellos, cuya respuesta no se encuentra dada expresamente en el derecho precedente, sin embargo, existen reglas, principios y derechos aplicables, que permiten la solución razonable del caso. El grado de aceptabilidad de la decisión en la comunidad jurídica debe ubicarse en un porcentaje mayor del 70 y el 80%, para que la decisión tenga vocación de permanencia. Por lo anterior, el esfuerzo argumentativo de las partes y del juez es mucho mayor, para lograr tal grado de convencimiento. Lo que se quiere decir con esto, es que los casos difíciles, en términos de Dworking, no existen reglas aplicables que den una solución concreta a los mismos, pero sí se encuentran normas abiertas y principios que siendo interpretados y redefinidos para el caso, pueden generar una solución razonable que pueda llegar a una aceptabilidad del 70 al 80%, dependiendo de la argumentación jurídica utilizada. Por esta razón, una decisión mal fundamentada con malos argumentos, no se sostiene, y su permanencia no es muy duradera, siempre va a ser una regla conflictiva que va a conllevar su cambio o su inobservancia.

Siguiendo con esta línea, se puede incluso afirmar, que todos los casos son difíciles, puesto que siguiendo con el método planteado, incluso en un caso fácil, un juez analiza el caso, revisa las pruebas y escoge la regla jurídica que va a aplicar, y para ello, debe siempre argumentar jurídicamente su decisión en un discurso de derecho.

Por último, se encuentran los casos trágicos que son aquellos, tan controvertidos en la sociedad que existen tantos argumentos en contra, como a favor, y cuya solución no deja un grado de aceptabilidad mayor del 50%, sin embargo, la decisión se sostiene a partir de la argumentación jurídica. En estos casos, no se trata de no existir una solución razonable al caso, sino como dice Alexy, en temas de argumentación, pueden existir perfectamente dos argumentos contrarios, y al mismo tiempo totalmente razonables, donde la labor de ponderación de los derechos, genera una obligación argumentativa titánica para resolver un caso así, tomando como base uno de los dos argumentos en conflicto, todo con ello, buscando justificar el porqué de la decisión.

LA INTERPRETACIÓN JURÍDICA Y LA ARGUMENTACIÓN JURÍDICA.

En un momento de la historia, en el cual se le dijo a los jueces que eran solo la boca de la Ley, se les prohibió que interpretaran las normas y le dieran otro sentido diferente al dado por el Legislador. Eran los tiempos del imperio de la Ley, donde los jueces debían estar restringidos a aplicar las leyes en su sentido más literal.

Ante la evidente realidad de que las normas no regulaban todas las situaciones que se le presentaban a los jueces, y ante la necesidad de que el Estado impartiera justicia a todos los casos, se les permitió a los jueces mayor libertad para resolver, permitiendo que los jueces interpretaran la norma, pero no podían crear una norma, pues esa era competencia del Legislador.

Interpretar significa, darle sentido o significado a algo. En el campo lingüístico, un interprete no es un mero traductor de lo que dice una persona en otro idioma, el intérprete busca darle sentido y alcanza a expresiones culturales que no tienen un significado literal. En el campo artístico, un músico interprete es aquel que toco una música de otro, pero le produce algunos cambios dándole su sello personal. En igual sentido, un director de cine o de teatro, pueden interpretar obras o películas de grandes autores, y al ponerlas en escena realizan adaptaciones que ponen su toque particular a la película o la obra de teatro. En el campo de la moda, un diseñador da una interpretación específica a sus vestidos.

En el campo del derecho, la interpretación significa darle sentido y alcance a un texto normativo. En tal sentido, tanto los jueces, los abogados, el legislador, los doctrinantes, y la comunidad en general, leen una norma y le dan una interpretación, en cuanto a lo que cada uno entiende de ella, en lo cual pueden presentarse varias interpretaciones. En efecto un proceso jurídico se puede generar por la diversificación en la interpretación de una norma, un contrato o un decreto, porque las partes no se ponen de acuerdo, y colocan la controversia ante un juez, quién deberá definir la discusión, teniendo que establecer cuál es la interpretación que el considera más razonable.

Así las cosas, la interpretación comenzó a ser una de las principales herramientas del juez en su trabajo, teniendo presente que tenían prohibido crear derecho, pero en cambio, si podían realizar interpretaciones que le permitieran aplicar el derecho a casos complicados. De esta manera, los jueces podían dar una aplicación restrictiva a la norma, o una interpretación extensiva, en la primera restringían el alcance de la norma, y en la segunda, extendían los efectos jurídicos de una norma hacia otros casos, que inicialmente no estaban contemplados en ella.

En ese nuevo contexto, los jueces comenzaron a interpretar las normas, entendido esto, como darle un significado y alcance al texto normativo, utilizando varios métodos de interpretación:

El método exegético, que consiste en buscar el sentido de la norma, a partir del significado literal de las palabras, conceptos y la composición gramatical contenida en el texto normativo. Desde esta perspectiva, las discusiones se dan en relación con el significado de una palabra, o con el sentido de una ó o de una y en una frase.

El método teleológico, que consiste en interpretar la norma de acuerdo con los fines de la misma, y en esta se busca cuáles fueron los motivos por los cuales se creo la norma, y también se buscaba, cuáles fueron las consideraciones que tuvo el legislador para crear la norma.

El método sistemático, que consiste en comparar la norma aplicable, con otras normas del ordenamiento jurídico, buscando integrar el ordenamiento jurídico como uno solo, y establecer, una interpretación coherente con las demás normas jurídicas.

El método histórico, que consiste en analizar el contexto social y político en el que se produce la norma, y los fines que debía tener la norma de acuerdo con ese contexto.

El método analógico, que implica extender los efectos de una norma a otra situación similar pero no regulada expresamente. Se trata de un análisis jurídico en el que el juez, le da el mismo tratamiento jurídico a dos situaciones de hecho similares. En este evento, podía acudir a la analogía legis, que era la aplicación de una norma, para solucionar una circunstancia de hecho similar, no regulada por la ley. Y la analogía juris, que consistía en utilizar el efecto de varias normas a un caso no regulado en la Ley.

El método crítico, que consiste en contrastar y comparar las normas nacionales, con las normas de otros países, y examinar cómo se han regulado las mismas materias de formas diferentes en otras naciones, sus efectos y consecuencias. En el mismo contexto, se utiliza a las ciencias naturales, la estadística, la economía, la sociología, entre otras, para criticar los efectos de la norma, y tratar de lograr un cambio.

Hasta ahí, los que podríamos llamar los métodos de interpretación más tradicionales, sin embargo, podemos plantear otros de acuerdo con diferentes concepciones del derecho:

Concepción del derecho utilitarista, que implica que se debe buscar el mayor bienestar a las mayorías, y de que se deben fomentar las buenas conductas con incentivos a los ciudadanos, y desestimular las malas conductas, causándoles castigos o penurias a los ciudadanos.

Concepción del derecho liberal, que consiste en dar prioridad a las libertades individuales, y disminuir la intervención estatal. Hace prevalecer la libertad del mercado sobre la regulación e intervención estatal en las relaciones entre los ciudadanos.

Concepción del derecho conservador, en la que se hace prevalecer el interés general sobre el interés particular. El Estado debe intervenir para garantizar la protección de los valores de la sociedad, la solidaridad, la moralidad, la religiosidad.

La concepción socialista del derecho, en la que se plantea toda una discusión sobre el papel del Estado y de los particulares sobre los medios de producción, entre ellos, el capital, la tierra y el trabajo, presentando una visión distinta sobre la función del Estado en el manejo de la economía, que contrasta con el modelo capitalista.

Concepción del derecho económico, en el que se analiza cómo influye el derecho en la economía, y cómo la economía influye en el derecho. Se trata de entender el derecho, teniendo en cuenta los efectos económicos que puede tener en la sociedad, y por otra parte, cómo debe regularse aspectos económicos en el derecho.

Concepción del derecho de género, en la cuál se tienen en cuenta las particularidades del género femenino, y de ciertos grupos minoritarios como los miembros del LGBI, que le imposibilitan acceder a sus derechos en igualdad de condiciones, con el resto de población, como son los derechos laborales, los derecho a la familia, los derechos reproductivos, entre otros.

Concepción sociológica del derecho, en la cual se tienen en cuenta los procesos sociales, políticos y económicos de una sociedad, para entender sus implicaciones y sus necesidades en el derecho. Se busca a través de la sociología, darle una explicación e interpretación a las normas y sus efectos en la sociedad.

Así encontramos entonces, diferentes formas y concepciones para interpretar el derecho, que le permiten al juez dar un significado y alcance a las normas jurídicas, obvio que pueden existir más, dependiendo los contextos y las áreas del derecho en que se apliquen, así por ejemplo, en interpretación Constitucional, el juez tendrá que tener en cuenta varios criterios de interpretación particular, como por ejemplo, el de prevalencia de la norma Constitucional; en el caso laboral, deberá tener en cuenta el principio de favorabilidad para los trabajadores; en el caso del derecho ambiental, deberá tener en cuenta el principio de desarrollo sostenible; igualmente, en el derecho penal, tenemos el principio del indubio pro reo; en el derecho administrativo tenemos el principio de confianza legítima, y así en todas las áreas del derecho.

Ahora bien, luego de interpretar una norma, es decir, establecer un significado específico, para aplicar una consecuencia jurídica a un caso, los jueces deberán utilizar una segunda herramienta, que es la argumentación jurídica, es decir, ya el juez, tendrá que sustentar ante las partes de un conflicto y ante una sociedad, por qué una norma debe interpretarse de determinada manera, y por qué va aplicar una consecuencia jurídica a determinado caso. La argumentación jurídica implica soportar con razones y argumentos, el por qué se toma una postura o se interpreta una norma en un sentido u otro, o por qué se otorga determinada consecuencia jurídica. Así que en orden metodológico, un jurista primero debe interpretar las normas aplicables al caso, y luego, argumenta para justificar su postura.

EL PROCESO O MÉTODO DE LA ARGUMENTACIÓN JURÍDICA QUE DEBE HACER UN JUEZ EN LA SENTENCIA.

El gran problema a resolver de toda argumentación, es soportar el porqué de las cosas. En el caso de la argumentación jurídica, es la búsqueda de la fundamentación de una solución jurídica a un caso concreto, que sería en últimas, el porqué de la solución jurídica.

Sin embargo, en este trabajo de argumentación jurídica los juristas deben diferenciar claramente tres conceptos (Lizcano, 2019):

Hipótesis.

Inferencias.

Premisas.

Conclusiones

Las hipótesis son las ideas que surgen inicialmente para resolver un porqué. Son las ideas iniciales que surgen para dar la respuesta a un conflicto. Son trabajos preliminares, son lluvias de ideas, surgen de relacionar los conceptos, con las creencias y los deseos. Es la primera respuesta lógica que se produce para resolver un problema con base en el conocimiento previo y la experiencia.

Las hipótesis son apenas el primer paso de la argumentación, pero no es la argumentación como tal. Las personas confunden las hipótesis con los argumentos, pues son procesos que se generan con lógica, pero las hipótesis son esos procesos de divagación lógica, que aún no se encuentran suficientemente soportados, y pueden ser contradictorios y por tanto rebatidos. Por esta razón, las hipótesis, a pesar de que son un proceso importante para crear un argumento, no son argumentos elaborados, y si el orador se fundamenta en hipótesis, su trabajo es incompleto, no suficientemente soportado y posiblemente muy rebatible.

La conclusión es el resultado del estudio, es la decisión, es la postura, es la pretensión del argumento. Si un argumento no tiene una conclusión o una pretensión, se encuentra incompleto, puesto que no tiene un fin o una razón de ser. Nadie argumenta para no pedir nada. Si la finalidad del argumento no está clara, la argumentación también es difusa e incomprensible. La argumentación debe ir dirigida a un fin o a un destino, de lo contrario se pierde su razón y su camino.

La argumentación solo está completa cuando se crea una premisa que confirme las hipótesis iniciales, que permiten inferir una conclusión (Lizcano, 2019). La elaboración de un argumento implica entonces, soportar o fundamentar una conclusión a partir de argumentos lógicos convertidos en premisas, o a partir de pruebas o resultados científicos.

Las inferencias son procesos lógicos, de los cuales, se llega a una conclusión a través de premisas (Lizcano, 2019). De esta manera, la inferencia es el proceso que relaciona una premisa con una conclusión, es decir, se crea una relación causa-efecto, entre la premisa como causa, y la conclusión como el efecto o resultado.

En un sentido práctico, si yo quiero tomar una postura sobre el aborto, y para ello tengo que responder sí o no, estoy de acuerdo. Si la decisión es un sí, ya tengo una conclusión, entonces ahora tengo que escoger los temas necesarios para sostener el sí, encuentro por ejemplo, varias ideas de las cuales puedo extraer varias hipótesis: sobrepoblación, derechos reproductivos de la mujer, ideología de género, familias disfuncionales, maltrato, entre otros. Estos temas son hipótesis, es decir, temas relacionados con el aborto que me pueden permitir crear premisas que me permitan inferir como conclusión la despenalización del aborto.

Ahora bien, para crear una premisa, debo crear un argumento soportado que me permita inferir la conclusión de despenalizar el aborto. Así las cosas, puedo decir que:

"El aborto surge de un derecho machista, que obliga a las mujeres a parir a los hijos que los hombres procrean, sin tener en cuenta la opinión de la mujer, que solo tiene obligaciones y no derechos."

Este proceso lógico práctico permite crear una argumentación plausible para cada problema jurídico que se plantee. Este método es bien aplicable a toda investigación jurídica o socio-jurídica, facilitando la elaboración de proyectos de investigación, partiendo de la base de la toma de postura sobre un problema, es decir, concretar una pretensión o una conclusión, a partir de la cual, se generan unas premisas (argumentos), que permiten realizar unas inferencias hacia una conclusión. De esta forma, una tesis jurídica o un artículo científico se elabora a partir de una conclusión que se incluye en el título, en la conclusión y en el resumen, y a partir de ahí, se elaboran unos subtítulos que representan cada uno de los argumentos o premisas, que soportan la conclusión.

El mismo proceso lógico lo debe llevar a cabo un juez al redactar una sentencia, es decir, el juez, inicia con unas hipótesis, que luego de todo el proceso, convierte en premisas, de las cuales infiere su decisión (conclusión) (Lizcano, 2019).

Ahora bien, como las premisas son argumentos, estos tienen una clasificación de acuerdo con su contenido, por tanto, existe la siguiente clasificación:

Argumentos de origen.

Argumentos históricos.

Argumento de causa efecto.

Argumentos de analogía.

Argumentos estadísticos.

Argumento de ejemplo.

Argumento de autoridad.

Argumento de consecuencias más adversas.

Argumentos de súplica.

Argumento de metáfora.

Argumento de pregunta.

Argumento de ironía.

Argumento de hipérbole.

Argumento ad fortiori.

Argumento ad contrario.

Utilizar conscientemente los argumentos permite diversificar la carga argumentativa y soportar de mejor forma las decisiones o las conclusiones a las que buscamos llegar.

TIPOS DE ARGUMENTOS.

Los tipos de argumentos, son formas de elaborar argumentos de acuerdo con su contenido. Utilizar conscientemente los argumentos permite diversificar la carga argumentativa y soportar de mejor forma las decisiones o las conclusiones a las que buscamos llegar. Igualmente, identificar los tipos de argumentos nos facilita también identificar la forma de como contrarrestarlos cuando se alegan en nuestra contra.

Algunos ejemplos de tipos de argumentos son:

Argumentos de origen: es aquel que se concentra en explicar el origen de un hecho, un fenómeno o un producto. Por ejemplo, el origen del conflicto armado en Colombia pudo darse en la época de la violencia bipartidista que comenzó con la guerra de los mil días.

Argumentos históricos. Son aquellos donde se soporta una premisa a partir de un dato histórico. No se debe confundir con el argumento de origen, puesto que los hechos históricos, no siempre señalan el origen de algo. La historia es el relato del pasado con la que se busca explicación a hechos del presente. Ejemplo: La corrupción en Latinoamérica es una herencia del colonialismo español, donde las autoridades españolas en el nuevo mundo tenían el dicho: "se acta pero no se cumple"

Argumento de causa efecto: es aquella busca establecer una relación de causalidad entre una conducta y un resultado. Uno de los mejores ejemplos son los dictámenes de medicina legal, que establecen la causa de la muerte de un individuo. Si una persona gravemente herida va en una ambulancia rumbo al hospital, y la ambulancia se estrella y el herido muere, es necesario establecer la causa de muerte. Si la muerte se produce por causa de la herida propiciada, el agresor del herido debe ser procesado por homicidio, pero si la causa de muerte son los politraumatismos causados por el accidente, se debe procesar al conductor de la ambulancia por homicidio culposo, y al agresor del herido por tentativa de homicidio.

Argumentos de analogía: Son argumentos que buscan proponer la misma solución de derecho a una situación de hecho similar. Ejemplo: existe una norma que dice "No se admiten bicicletas en el sendero peatonal", de esa norma se puede inferir, que tampoco se deben admitir motocicletas.

Argumentos estadísticos: Estos argumentos buscan el convencimiento a partir de datos estadísticos. Ejemplo: Si el 80% del presupuesto nacional se ejecuta a través de la contratación estatal, y el 80% de esa contratación se hace a través de la contratación directa, se puede decir, que el principio de selección objetiva no se está aplicando en la contratación estatal.

Argumento de ejemplo: En este argumento, el orador busca soportar su posición dando un ejemplo práctico de la aplicación de su conclusión.

Argumento de autoridad. En este argumento, se cita la opinión o el concepto de un experto en el tema que se esté tratando. En el caso de los abogados, se utiliza mucho el argumento de autoridad cuando se citan las sentencias de las altas cortes, o cuando se citan los conceptos de reconocidos doctrinantes en temas jurídicos.

Argumento de consecuencias más adversas: En este tipo de argumento, se busca señalar y hacer énfasis en las consecuencias adversas que conllevaría tomar una determinada decisión. Por ejemplo, si no buscamos una solución pacífica al conflicto armado colombiano, muchos niños serán forzosamente reclutados por los grupos armados al margen de la ley.

Argumentos de súplica: Este tipo de argumento tiende a reconocer la responsabilidad, y busca es la rebaja de la condena. Ejemplo: Señor juez, el señor Bolívar reconoció su error, colaboró con la justicia, reparó a la víctima, y por ello, se le solicita su benevolencia en la sentencia y le otorgue la detención domiciliaria.

Argumento de parábola: Son de los argumentos más difíciles de hacer, la técnica es inventarse una historia que termine con una conclusión que avale el punto al que se quiere llegar. Un ejemplo de ello, son las parábolas de la biblia.

Argumento de pregunta. Las preguntas pueden ser argumentativas, y buscan que el público al responderlas internamente avale la postura del orador. Por ejemplo: ¿Quién no haría lo que fuera por salvar a su hijo de la muerte?

Argumento de ironía: Con este argumento se hace honor a la figura literaria de la ironía, en la cual, se afirma algo, que significa todo lo contrario. Ejemplo: "La gran cultura y bagaje de este pobre ignorante"

Argumento de hipérbole: En este tipo de argumento, también se hace honor a la figura literaria de la hipérbole, es decir la exageración. Ejemplo: Tú no cambias, eres más terco que un burro.

Argumento ad fortiori: El argumento ad fortiori, implica con mayor razón. Ejemplo: Si no se permiten perros en el vagón del tren, con mayor razón no se puede permitir entrar a un oso.

Argumento a contrario: Es el argumento que expone la contradicción entre dos hipótesis. Ejemplo: Se prohíben circular vehículos en el parque, pero ello no incluye coches de bebés. Lo que se quiere advertir, que vehículos y coches de bebé no tienen el mismo significado para la norma.

Argumento ad absurdo: Es un argumento que busca demostrar las consecuencias absurdas de una postura. Sería absurdo que la ONU se oponga a un acuerdo de paz en Colombia, puesto que nos condenaría a vivir por siempre en Guerra.

TECNICAS DE INTERROGATORIO Y CONTRAINTERROGATORIO:
EL ARTE DE HACER PREGUNTAS EN UN JUICIO.

EL TESTIMONIO

El testimonio es la declaración que rinde un tercero sobre los hechos que son relevantes para un proceso. El testigo declara lo que pudo conocer a través de sus sentidos, esto es qué vió, que escuchó, qué olió, qué saboreó y qué sintió a través de su tacto. Una persona que no percibió a través de sus sentidos los hechos relevantes al caso, no es testigo, y no debe ser valorado como tal, y solo puede ser un testigo de oídas, es decir, que conoció de los hechos del caso a través otra persona.

Un testigo no debe tener relación con los intereses en juego en el caso, pues sería una parte del proceso, por ello, se supone que debe ser un tercero que brinda un relato sobre los hechos del caso.

El testigo a diferencia de los peritos, sí estuvieron en el lugar de los hechos, pero en caso de tener conocimientos especiales, se trataría de un perito calificado, que además de dar su versión de los hechos, podría dar una opinión científica, técnica o artística del caso, lo que ocurre, en caso de que el testigo sea un médico, ingeniero o contador.

El CGP, dispone que toda persona tiene la obligación de declarar: "Toda persona tiene el deber de rendir el testimonio que se le pida, excepto en los casos determinados por la ley." (Art. 208 CGP)

Ahora bien se exceptúan de esa obligación (Art. 209 CGP):

1. Los ministros de cualquier culto admitido en la República.

2. Los abogados, médicos, enfermeros, laboratoristas, contadores, en relación con hechos amparados legalmente por el secreto profesional y cualquiera otra persona que por disposición de la ley pueda o deba guardar secreto.

En el mismo sentido, se entienden inhábiles para declarar, las personas sufran alteración mental o perturbaciones sicológicas graves, o se encuentren en estado de embriaguez, sugestión hipnótica o bajo el efecto del alcohol o sustancias estupefacientes o alucinógenas y las demás personas que el juez considere inhábiles para testimoniar en un momento determinado, de acuerdo con las reglas de la sana crítica. (Artículo 210 CGP). Contra estás personas se puede presentar una tacha por inhabilidad.

Por otra parte, también existe la tacha de imparcialidad, que se puede ejercer contra las "personas que se encuentren en circunstancias que afecten su credibilidad o imparcialidad, en razón de parentesco, dependencias, sentimientos o interés en relación con las partes o sus apoderados, antecedentes personales u otras causas." (Art. 211 CGP)

Para solicitar que una persona rinda un testimonio en un juicio, la parte que lo solicita deberá indicar por ejemplo en la demanda o en la contestación de la misma, el nombre, domicilio, residencia o lugar donde pueden ser citados los testigos, y enunciarse concretamente los hechos objeto de la prueba (Art. 212 CGP). El juez podrá limitar la recepción de los testimonios cuando considere suficientemente esclarecidos los hechos materia de esa prueba, mediante auto que no admite recurso(Art. 212 CGP).

Por último, un testimonio no puede suplir como prueba, aquellos hechos que solo se pueden probar a través de un documento formal:

ARTÍCULO 225. LIMITACIÓN DE LA EFICACIA DEL TESTIMONIO. La prueba de testigos no podrá suplir el escrito que la ley exija como solemnidad para la existencia o validez de un acto o contrato.

Cuando se trate de probar obligaciones originadas en contrato o convención, o el correspondiente pago, la falta de documento o de un principio de prueba por escrito, se apreciará por el juez como un indicio grave de la inexistencia del respectivo acto, a menos que por las circunstancias en que tuvo lugar haya sido imposible obtenerlo, o que su valor y la calidad de las partes justifiquen tal omisión.

A los abogados se les enseña mucho a argumentar, pero no se les enseña a realizar preguntas. Esa es una habilidad que se va desarrollando a partir de la experiencia y la práctica, y mientras se aprende, se cometen muchos errores.

Una de nuestras principales funciones en los juicios es realizar los interrogatorios y los contrainterrogatorios a las partes y a los testigos. Cuando hablamos de partes, se trata de aquellos individuos directamente involucrados en el proceso, esto es el demandante o el demandado, que pueden ser varios, y en el caso del proceso penal, sería el indiciado y la víctima. Cuando hablamos de testigos, hablamos de terceros que han percibido a través de sus sentidos hechos, conversaciones u objetos relacionados con el caso, y que le permiten al juez y a las partes, reconstruir los hechos ocurridos dentro del proceso.

Otro tema diferente es cuando se van a realizar el interrogatorio y contrainterrogatorio a un perito, donde en efecto, se trata de un estudio técnico o científico que busca darle una explicación a un hecho o permite también la reconstrucción de un hecho a través de una ciencia o técnica.

Cuando un abogado se enfrenta al reto de hacer preguntas en un interrogatorio o en un contrainterrogatorio, se encuentra al principio en un campo desconocido, pues en las facultades de derecho le enseñaron el contenido de la ley, de la jurisprudencia, del contenido de la doctrina, pero en muy pocas ocasiones le enseñaron a preguntarle a un testigo o a una parte. ¿Qué debe hacer?

1. Saber ¿qué relación tiene el testigo con el caso y qué información puede aportar?.

Es crucial realizar una entrevista previa con el cliente para conocer la relación que tiene el testigo con el caso y de qué puede ser su declaración.

Para ello, se pueden leer declaraciones previas o informes previos que el testigo haya realizado. También es recomendable realizar entrevistas previas con el testigo, para conocer de primera mano, qué es lo que sabe el testigo sobre el caso.

En el caso de los peritos, hay que leer previamente el dictamen, y para ello, debe estar asistido por un experto en la materia que lo guíe en el contenido del peritaje.

2. Preparar al testigo.

Preparar a sus testigos, no es darles un libreto para que lo reciten en la audiencia. No es imponerles qué deben decir y cómo lo deben decir en la audiencia.

Preparar a un testigo, es realizar una primera entrevista para conocer su declaración y su conocimiento sobre el caso.

Luego explicarle cómo va a ser la audiencia.

Posteriormente, se realiza un ensayo con preguntas de una y otra parte, simulando un interrogatorio y un contrainterrogatorio.

Ayudar al testigo a explicar mejor, para que sea claro y no se ponga nervioso. Ello implica darle pautas para controlar los nervios, y saber contestar preguntas difíciles.

También implica, escuchar el relato del testigo, y aconsejarlo en el sentido de cómo debe decir las cosas para que se entiendan mejor. Muchas personas cuando van hacer un relato, no logran explicar bien los hechos, por nervios, porque no saben hablar en público, porque la materia o los hechos son confusos y desordenados, o porque simplemente su grado de formación no le permite hacer un relato coherente y entendible. Por ello, es que es necesario ayudarles con su presentación e instruirlos en sus relatos para que se puedan entender mejor.

3. Organizar las preguntas.

Un cuestionario debe estar organizado, para que tenga el mayor grado de lógica y coherencia.

Se puede organizar cronológicamente, es decir, organizando las preguntas de acuerdo con el orden de tiempo en que ocurrieron los hechos, desde el inicio, hasta el final, como una historia organizada.

Otra forma de organizar un cuestionario es por temas. En este tipo de orden, es necesario, identificar los temas importantes de los que va a hablar el testigo, y agrupar las preguntas por tema, haciendo también que la selección de temas, tenga un orden que favorezca a la explicación más coherente y lógica del testigo. Lo importante, es que alcances a que el testigo aborde todos los temas, pero ello depende de las preguntas que debes realizar.

4. Impacto del cuestionario.

El impacto de un buen cuestionario depende en gran forma de la lógica, la coherencia y claridad, con que el testigo explique los temas. Sin embargo, el orden del mismo también es fundamental. Se aconseja hacer énfasis en el inicio y en el final, pues son los apartes que la memoria humana más retiene. Así que es necesario, comenzar con un tema fuerte o con una frase fuerte, y terminar con un tema fuerte o una frase fuerte, de tal forma que el orden del cuestionario, permita tener más impacto en la audiencia.

5. El protagonista es el testigo.

En un interrogatorio o en un contrainterrogatorio, el protagonista es el testigo, es él, el que debe suministrar la información, los argumentos y las pruebas, si están en su poder. El abogado no puede argumentar en un interrogatorio, y ese es un grave error que se comete. La mejor arma de un abogado en esta etapa del proceso es hacer un buen cuestionario, debe olvidarse de argumentar y debe concentrarse en preguntar.

El testigo debe ser protegido por la parte que lo lleva a la audiencia, quién debe resaltar su importancia, sus capacidades y su personalidad. Debe darle la oportunidad al testigo de dar explicaciones y justificaciones, de los hechos y de sus actuaciones.

También debe protegerlo con las objeciones, de las preguntas de su contraparte. No puede permitir que lo ataquen, lo desprestigien o lo hagan caer en trampas. La protección del testigo se debe dar objetando las preguntas impertinentes, confusas, compuestas, argumentativas, sugestivas, capciosas.

También la protección del testigo se debe hacer a través del re-directo, que es cuando retoma, la posibilidad de hacer preguntas, y donde el abogado debe tratar de aclarar respuestas, realzar al testigo y contradecir los ataques que hizo su contraparte, para ello, debe darle la oportunidad de aclarar, justificar y explicar sus repuestas.

Si existen contradicciones, aclararlas.

Si se dice algo indebido, confuso o contradictorio, que lo explique o lo justifique.

6. Cómo se ataca a un testigo.

Los testigos se atacan en tres puntos:

Credibilidad

Coherencia

Memoria

La credibilidad se ataca demostrando un interés. Ese interés puede ser una relación personal del testigo con alguna de las partes. Alguna relación laboral con alguna de las partes. Algún beneficio económico o beneficio derivado del proceso o de alguna de las partes. Si se demuestra que existe un interés en el testigo, se logra establecer un móvil o una razón para que el testigo mienta sobre la verdad de los hechos, por lo cual, se impugna la credibilidad.

También se suele indagar el pasado y la vida del testigo, para desacreditar su personalidad y su confiabilidad.

La coherencia, implica la lógica de su relato con la realidad y las demás pruebas. Se mira el relato del testigo en su coherencia. Se compara con declaraciones anteriores del mismo testigo, para ver si coinciden. Se compara el testimonio del testigo con otras pruebas, para ver su coherencia.

Memoria, se ataca la forma en que el testigo percibió y almacenó la información en su memoria. En ese proceso de la memoria, se puede encontrar que el testigo confundió información verdadera con información falsa, o sencillamente los vacíos de su memoria los llenó con suposiciones o presunciones. El objetivo es demostrar que el testigo no se acuerda de lo que supuestamente está diciendo, y que la realidad puede ser otra. En estos casos, son importantes los documentos que le permiten al testigo refrescar la memoria, que pueden consistir en declaraciones previas, documentos, peritajes, informes, donde conste información, que le permita al testigo verificar los hechos que va a narrar.

Cualquier cambio en la versión del testigo, retractación o rectificación del testigo es ganancia para el contrainterrogatorio.

El testigo es la prueba más voluble de todas, depende de muchos factores, y por ello, es una de las pruebas más difíciles.

7. Tipos de preguntas permitidas.

Las preguntas son las mejores armas de un abogado en un interrogatorio y en un contrainterrogatorio, por ello debe conocerlas, para que las pueda utilizar.

Para comenzar, hay preguntas abiertas y preguntas cerradas. Las preguntas abiertas se deben utilizar en los interrogatorios, y las preguntas cerradas en los contrainterrogatorios. Aunque como en toda regla, siempre hay excepciones.

La pregunta abierta se dirige a que el testigo explique, describa o justifique. Se refieren al cómo, cuándo, dónde, y por qué. Se indaga por los hechos, dándole al testigo gran libertad de narración y explicación. El día de los hechos, ¿qué ocurrió? ¿Cómo puede explicar usted lo que sucedió? ¿Puede decirnos paso a paso cómo ocurrieron los hechos?

La pregunta cerrada, por regla general se aconsejan realizar en los contrainterrogatorios, pero pueden darse excepciones. Una pregunta cerrada busca como respuesta un sí o un no, es cierto, o no es cierto, correcto o incorrecto, falso o verdadero. ¿Usted estuvo en el lugar de los hechos? ¿usted pudo ver al asesino? Pero también pueden darse información exacta como, por ejemplo: ¿Cuántos disparos escuchó esa noche? ¿Cuántas balas encontró en el cuerpo?

Preguntas de introducción, son aquellas en las que se hace una pequeña introducción sobre el tema que se va a tratar, y luego se hace una pregunta. En este tipo de pregunta hay que tener cuidado con no realizar preguntas sugestivas o argumentativas. Lo cierto es que es válido en algunas ocasiones colocar el contexto en que se va a realizar una pregunta, pero no se puede abusar de esta técnica.

Preguntas de transición, en este tipo de preguntas, lo que se busca es pasar de un tema a otro. Se le anuncia al testigo que se le va a cambiar de tema, en la entrevista, y se salta de un tema a otro.

Preguntas de seguimiento, son preguntas que buscan guiar al testigo en su narración, en un orden, como, por ejemplo, ¿Y qué ocurrió después? ¿qué pasó al día siguiente? ¿Qué ocurrió luego de lo que acaba de narrar?

Preguntas de confirmación, en este tipo de preguntas se busca en parte el paragrafeo, es decir, se busca que el testigo confirme lo que dijo antes de manera más clara o precisa, por ejemplo, ¿Si lo interpreto bien, usted quiso decir que había escuchado un grito extraño y que pensó que era la víctima? Es decir, que los papeles desaparecieron luego del día en que ocurrió el asesinato, ¿es eso cierto?

8. Las preguntas que se deben objetar.

Mientras que la contraparte esté realizando las preguntas a los testigos, uno puede objetar las preguntas, y ejercer en ese sentido el derecho de defensa. La idea con las objeciones no es dilatar, o fastidiar a la contraparte, aunque en muchas ocasiones ese sea el fin de la persona que objeta las preguntas. Sin embargo, esta actitud no es bien vista por el juez, ni por el resto de partes en el proceso. La idea de una objeción, es proteger al testigo de preguntas confusas o mal intencionadas que pretenden atacarlo, amedrentarlo o confundirlo. Por ello, hay preguntas que se pueden objetar para proteger al testigo, y son las siguientes:

Preguntas impertinentes, buscan preguntarle al testigo sobre temas que nada tienen que ver con los hechos objeto del proceso. Buscan distraer la atención en hechos diferentes qué no guardan una relación lógica con los hechos. Hacen que la audiencia se aparte del objeto del litigio, y fatigan a las partes en discusiones que nada aportan al juicio. El juez debe rechazar dichas preguntas cuando sean objetadas, y conminar a la parte en que se concentre en los hechos del proceso.

Preguntas inconducentes, son preguntas que se le hacen a un testigo, y que, a pesar de ser contestadas, no tienen ningún efecto probatorio. Se le pregunta a un testigo sobre el estado mental del procesado, y el testigo es un contador. Se le pregunta a un testigo sobre un tema médico, y el testigo es un ingeniero de petróleos. Son inconducentes las preguntas que buscan que el testigo de su opinión o de su hipótesis de acuerdo con su pensamiento de lo que pudo haber ocurrido, pues no están soportados por la evidencia.

Preguntas repetitivas, son preguntas que ya se hicieron previamente y que el testigo ya respondió. En muchas ocasiones, al no prestar atención a los interrogatorios, los abogados que realizan el contrainterrogatorio pierden tiempo preciado preguntando lo mismo que se preguntó en el interrogatorio y ello, dilata la audiencia, fastidia al juez y al testigo.

Preguntas sugestivas, son preguntas que sugieren una respuesta, de información que no ha dado el testigo. Recordemos que el protagonista de un interrogatorio es el testigo, por lo tanto, quien debe dar la información es el testigo y no el abogado. Por ejemplo, ¿Es cierto que el asesino llevaba una máscara y una pistola? En este caso, el abogado no ha extraído previamente la información sobre la máscara y la pistola, por tanto, deberá hacerlo de otra forma: ¿usted vio al asesino? ¿puede describirlo? ¿estaba armado? ¿Pudo ver su rostro?

Pregunta argumentativa, es aquella en la que más que una pregunta es un argumento del abogado y en la cual, en últimas, el mismo la responde y no deja al testigo decir nada. Vuelve con este tipo de pregunta, la misma crítica de que el protagonista del testimonio es el testigo y no el abogado, y de que el momento para argumentar no es la práctica del interrogatorio, sino en los alegatos de conclusión y los recursos. Así que quien realiza una pregunta argumentativa rompe el orden de la audiencia y comienza a contaminar al juez y al testigo con sus propios argumentos.

Preguntas confusas, estas preguntas son aquellas que por inseguridad o negligencia del abogado que las formula, son difíciles de entender, y contradicen las leyes de la lógica y la sintaxis.

Preguntas capciosas, son aquellas preguntas que parten de la afirmación de un supuesto falso, para luego hacer una pregunta que busca confundir y amedrentar al testigo. El ladrón que tenía el tatuaje en forma de cañón, ¿pudo disparar a la víctima? El ladrón no tenía ningún tatuaje. Si la víctima dice que sí, enseguida el abogado que realizó la pregunta va a objetar la credibilidad pues no había ningún ladrón con tatuaje en forma de cañón, pero esa confusión la creó el, por una jugarreta de mala fe.

Preguntas compuestas, las preguntas compuestas contienen dos preguntas en una, en muchas ocasiones, se solicita dividir la pregunta en dos para que el testigo pueda contestar las dos preguntas. Es una mala técnica de elaboración de preguntas, pues maneja dos respuestas, y el testigo se confunde, pues no sabe cuál va a responder primero, no se entiende la relación entre las dos preguntas. Las preguntas compuestas se componen de una primera pregunta, que luego le sigue una "y" inclusiva o una "o" inclusivo o exclusiva, para luego plantear otra pregunta. Por ejemplo, El día de los hechos ¿usted sabía si la víctima había almorzado, o pudo saber si después se había ido a trabajar a su casa?

Preguntas conclusivas, en estas preguntas el abogado le pide al testigo una conclusión, lo cual puede traer a colación su opinión y sus argumentos sobre el caso, lo cual es inapropiado, pues el testigo tiene como principal función describir y explicar los hechos de los cuales fue testigo. El juez tendrá que inadmitir y no tener en cuenta los apartes del testimonio donde el testigo trate de dar su opinión o sus argumentos, sin que tenga algún respaldo en la evidencia.

Preguntas irrespetuosas, son preguntas que ofenden la persona del testigo, en relación con su raza, preferencia u orientación sexual, profesión, religión. El juez deberá inadmitir todo tipo de acto discriminatorio dentro del proceso penal en contra de alguna parte o testigo

Preguntas que se refieren a conceptos técnicos, estás son preguntas dirigidas a personas que no tienen la formación o los conocimientos técnicos o científicos para dar una explicación sobre determinados hechos. Es en gran medida una pregunta inconducente, pues el medio probatorio no es idóneo para probar un hecho. Como se dijo anteriormente, se le pregunta a un abogado sobre la consistencia y resistencia de los materiales de una construcción.

Preguntas prohibidas, son preguntas que versan sobre temas tratados en audiencias de conciliación que gozan de confidencialidad, o que se hayan tratado en una negociación o preacuerdo para lograr una aceptación de cargos, pero que finalmente no fue aceptada. También, no deben realizarse preguntas sobre pruebas ilícitas o ilegales que hayan sido excluidas del proceso, y las que vulneren el derecho de reserva o secreto profesional.

9. Finalidad de un cuestionario.

Los cuestionarios tienen una finalidad y es lograr que el testigo declare su conocimiento sobre los hechos que logró captar a través de sus sentidos.

En todo proceso se debe probar principalmente los hechos y las pretensiones, para que el juez aplique las normas y sus consecuencias jurídicas.

Un buen cuestionario en un interrogatorio, va dirigido a demostrar los hechos de la parte que lo cita, y las pretensiones del mismo. En el caso penal, un interrogatorio busca probar la teoría del caso de la parte que solicitó el testimonio.

Por lo tanto, metodológicamente cada testigo tiene una finalidad, y es probar unos hechos y unas pretensiones, y estas las debe tener claras el entrevistador al momento de elaborar el borrador del cuestionario.

Sin una finalidad o pretensión, no se puede elaborar el cuestionario.

Un cuestionario de un interrogatorio va dirigido principalmente a:

- Acreditar el testigo, quién es, qué relación tiene con las partes, por qué sabe de los hechos. Si es un perito, es importante, sus títulos profesionales o técnicos, su experiencia y su conocimiento.

- Qué explique lo que pudo percibir con sus sentidos. En este punto, es bueno acreditar la coherencia y la memoria del testigo, para que su relato tenga mayor credibilidad y coherencia.

El testigo debe referirse a los temas escogidos en el cuestionario, y relatar lo que le consta sobre ellos, para así probar los hechos y las pretensiones.

En el caso del contrainterrogatorio, la finalidad del cuestionario es distinta.

El contrainterrogatorio busca atacar la credibilidad, la coherencia y la memoria del testigo. Busca que el testigo cambie su versión, se contradiga o se retracte de lo que dice.

En la técnica del contrainterrogatorio, el testigo ya habló previamente en el interrogatorio, así que existe mucha información que ya la audiencia conoce.

En el contrainterrogatorio se busca comparar la versión del testigo con otras pruebas, con otras declaraciones y con declaraciones del mismo testigo dadas anteriormente. La idea es encontrar contradicciones y resaltarlas en la audiencia. También, si se detectan mentiras, es la oportunidad para resaltarlas.

La finalidad de un contrainterrogatorio es desmoronar las pruebas que ha podido constituir la contraparte con el interrogatorio, y poner en duda lo dicho por el testigo, y desacreditar el testigo, como un testigo sospechoso o un falso testigo.

La práctica de un interrogatorio cruzado.

El concepto de interrogatorio cruzado, significa que las partes podrán tener cada una dos ocasiones para hacerle preguntas a los testigos, las partes o los peritos.

La parte que interroga, tendrá la posibilidad de interrogar al testigo, al terminar, su contraparte hará el contrainterrogatorio, y posteriormente, la parte que interrogó tendrá la posibilidad de realizar un redirecto, y luego, el que contrainterrogó, tendrá la potestad de realizar un recontradirecto.

Sin embargo, lo anterior se debe ver como una forma de embudo, es decir, quién comienza el interrogatorio, es la parte que tiene más libertad para hacer preguntas, pues no tiene límites en los temas a tratar. El juez podrá restringir el interrogatorio, cuando la parte los hace muy extensos y reiterativo.

En el caso de los contrainterrogatorios, la parte que le toca realizarlos, no puede hacer un nuevo interrogatorio amplio y abierto, donde pueda preguntar todo lo que quiere. En el contrainterrogatorio, las preguntas deben estar relacionadas con lo que el testigo respondió en el interrogatorio inicial, por tanto, no podrá referirse a los temas no tocados en éste, y si lo hace, las preguntas deben de ser objetadas. La finalidad de un contrainterrogatorio es atacar al testigo sobre lo que dijo, su credibilidad, coherencia y memoria.

Luego del contrainterrogatorio, la parte que realizó el interrogatorio, tiene la posibilidad de realizar el redirecto. Este es un cuestionario que debe versar sobre asuntos que se tocaron en el contrainterrogatorio, por lo cual, también es limitado. En esta nueva oportunidad para preguntarle al testigo, el abogado deberá recuperar al testigo de los ataques sufridos en el contrainterrogatorio, y por ello, deberá tratar de reforzar los temas en que se le hayan sembrado dudas, y se le debe dar la oportunidad para explicar o justificar las inconsistencias evidenciadas en el contrainterrogatorio. Esta es la oportunidad de rescatar al testigo o a su testimonio, para que retome la credibilidad y su coherencia.

Luego del redirecto, la parte que realizó el contrainterrogatorio, tiene una nueva posibilidad de atacar al testigo, y esta oportunidad se llama el recontradirecto. En esta oportunidad, el testigo que pudo haberse recuperado al declarar en el redirecto, puede volver a verse atacado por la parte que lo contrainterrogó. Este abogado, podrá volver a sembrar la duda sobre el testigo, podrá volver a colocar el dedo en la llaga, para que el testigo pierda nuevamente su credibilidad y su coherencia. Solo que las preguntas que se deben realizar en el recontradirecto, solo deben estar relacionadas con los temas tocados en el redirecto. El tema del recontradirecto, es que no puede hacerse, si la contraparte no realiza el redirecto, así que, debe tener claro, que su principal oportunidad de ataque al testigo, sigue siendo el contrainterrogatorio, y no debe guardarse nada, pues el recontradirecto depende de que su contraparte haga uso del redirecto.

Así vemos cómo la práctica procesal de un interrogatorio, es como un un embudo, en donde se va limitando las posibilidades de preguntar al testigo, desde el interrogatorio donde se tiene libertad absoluta, pero luego se va pasando al contrainterrogatorio, al redirecto y al recontradirecto, donde poco a poco, se van disminuyendo las posibilidades de hacerle preguntas al testigo, lo que está relacionado con las oportunidades procesales, y es que cada parte, tiene una oportunidad procesal para preguntar con unas limitaciones, donde puede aprovechar para probar o contradecir las pruebas. También la razón para que esto sea así, es que si las partes tuvieran absoluta libertad para preguntar, los interrogatorios serían interminables, desenfocados y reiterativos.

¿Cómo formular las preguntas en un interrogatorio?

Siempre es recomendable hacer previamente un borrador de las preguntas, no se debe dejar tanto margen a la improvisación. Aunque si es bueno tener espacio para la improvisación, lo recomendable es que se planifique el cuestionario, y la improvisación no pase de un 20%.

La planificación de un cuestionario de preguntas debe tener en cuenta el tema que se va a preguntar al testigo, y debe contener una respuesta que usted pretende obtener del mismo. Es decir, comience por las respuestas, y a partir de ello, elabore la pregunta que lograría dicha respuesta. Siempre debe preguntarse a usted mismo ¿cómo va a lograr de que el testigo conteste con esa respuesta?

Durante la narración del testigo, guíelo a los puntos importantes de su declaración con preguntas de seguimiento, o con preguntas de transición, o con preguntas cerradas, en este punto, haga preguntas donde le muestre claramente al testigo sobre qué tema debe tratar con palabras claves que se lo recuerden. Reafirme los puntos importantes de la declaración del testigo con preguntas de confirmación, y trate con este tipo de preguntas, o con preguntas cerradas, que el testigo aclare la idea o la resuma, de tal forma que impacte a la audiencia. Siempre obligue al testigo a ser ordenado y claro en su relato, y para ello, pida explicaciones para que clarifique, o haga preguntas de confirmación paragrafiandolo lo dicho para que resalte en su declaración lo que usted quiere, por ejemplo, Usted ha dicho que el asesino tenía una camisa azul ¿Puede decirnos si tenía el logo de alguna empresa?. Para el tema del orden, haga preguntas de seguimiento y transición, como ¿qué ocurrió después? Vayamos nuevamente a la escena ¿En qué posición encontró el cadáver? Cuando llegó al sitio de los hechos ¿Qué fue lo primero que escuchó?

Para lograr una información de un testigo, debe tener en cuenta, que muchas veces va a requerir de varias preguntas. Por ello, debe combinar preguntas abiertas y cerradas en ocasiones, pues las preguntas abiertas, el testigo se puede perder en su relato y puede abordar otros temas irrelevantes, así que debe formular preguntas cerradas dirigidas a direccionar al testigo a los temas importantes a tratar, para ello, también sirven las preguntas introductorias, las preguntas de seguimiento y las de transición.

Debe tener en cuenta que, como todos seres racionales, los seres humanos tendemos a la lógica y a la coherencia, por lo tanto, uno de los principios, es que una persona siempre tratará de ser coherente, y esto es, el rechazo a la contradicción, y esto quiere decir, que no puede decir, sí y no al mismo tiempo. ¿Le gustaría viajar a otros países? ¿Le gustaría conocer otras culturas? ¿Le gustaría viajar de vacaciones con su familia? ¿Compraría un servicio que le permitiera viajar con su familia logrando un descuento del 20% en tiquetes y alojamiento?

La incoherencia también se asocia con lo falso, con la mentira, por tanto, nadie le gusta ser incoherente, y mucho más ser señalado como mentiroso, por tanto, toda persona, tenderá a ser lo más coherente posible en sus relatos y a no caer en contradicciones.

Toda persona que toma una posición, está predestinada a justificarla. Hay que tener en cuenta que toda persona que sostiene una posición en un debate va a tender a justificarla, a apoyarla o a probarla. Si partimos de un testigo relacionado con alguna de las partes, vamos a encontrar que va a tratar de favorecerla en su relato, y va a intentar justificar varias de sus actuaciones. Si conocemos esto, debemos tener en cuenta entonces que, si nos favorece esa justificación, debemos hacer preguntas abiertas, para darle la oportunidad al testigo de que hable, pero si dicha justificación no nos favorece, pues deben hacerle preguntas cerradas a fin de que no tenga oportunidad de justificar.

En ese mismo orden de ideas, si el testigo sabe que usted lo va a atacar, el se va a defender. Y es muy probable que mienta para defenderse y que intente evadir sus preguntas. Aquí se presenta la oportunidad para el abogado de escoger preguntas directas, que son las que abordan directamente el problema con el testigo, para obligar al testigo a mentir o a evadir, o preguntas indirectas, en las que se preguntas otros aspectos primero, para luego aterrizar en el tema.

Luego de encontrar una contradicción o una mentira en un testigo, hágala evidente, pero no trate de pedir explicaciones o preguntar por qué se contradice, eso es trabajo de su contraparte.

En un contrainterrogatorio, es crucial que el abogado anote muy bien los puntos importantes de la declaración del testigo, y sobre todo anote las contradicciones, inconsistencias y vacíos de dicha declaración, y en igual sentido, es importante que aliste los documentos y las pruebas con las que va a impugnar la credibilidad, coherencia y memoria del testigo, de tal manera, que si el testigo dice algo que se contradice con un dictamen pericial, deberá tenerlo a la mano, para usarlo en el contrainterrogatorio, igualmente, si se trata de un documento, o una declaración de otro testigo.

Al momento de preguntar en un contrainterrogatorio, haga preguntas donde el testigo se reafirme en sus declaraciones que tienen contradicciones, inconsistencia o vacíos, luego haga preguntas donde queden en evidencia, o póngale de presente los documentos o pruebas donde se evidencia la contradicción o la inconsistencia, y hágalo que lea el aparte donde aparece la contradicción. Ejemplo:

Señor Juan, usted dijo que vio que a la víctima la estaban golpeando varios hombres, ¿es eso cierto?

Si

¿Puede decirnos a qué hora aproximadamente?

A la 1 de la mañana

¿Puede decirnos qué hacía a esa hora en el lugar de los hechos?

Acababa de salir de mi trabajo.

¿Puede decirnos en qué trabaja?

Soy vigilante de un edificio.

¿Puede decirnos el nombre y la dirección de ese edificio?

El edificio se llama Calipso y queda en la Carrera 19 con 122.

¿Puede decirnos cuál es su horario de trabajo?

Normalmente, es de 6 de la noche a las 6 de la mañana.

Por lo que dijo anteriormente, usted estaba laborando ¿cumplió su horario de trabajo ese día?

Ese día salí temprano, porque me reemplazó un compañero.

Aquí tengo la planilla del reporte de su trabajo en el edificio Calipso, ¿puede reconocerla?

Si esta es.

En esta planilla, ¿se reportan los cambios de turnos?

Sí así es.

Puede decirnos si en el día de los hechos, ¿a qué horas se reportó un cambio de turno de su parte a otro compañero?

A las 6 de la mañana.

No más preguntas su señoría.

Cuando se trate de la descripción de un sitio, o de la reconstrucción de la escena del crimen, es necesario utilizar ayudas audiovisuales, dibujos, recreación gráfica, mapas y reconstrucción digital de los hechos. Ello permite ilustrar de mejor forma los acontecimientos y le permite tener una mejor idea de lo ocurrido al juez y a las partes. Así pues, que el cuestionario debe tener en cuenta la recreación gráfica y las ayudas audiovisuales que va a utilizar el testigo.

Impugnación de testigos a través de documentos.

Los testigos pueden declarar de acuerdo con sus percepciones, pero muchas veces esas percepciones están erradas, o sencillamente les falla la memoria. Los documentos que se tienen como pruebas en un proceso, pueden servir como formas de impugnar la credibilidad de un testigo, o una forma de refrescar la memoria.

De esta manera, todo documento presente en el acervo probatorio, legal y oportunamente aportado, puede servir para impugnar la credibilidad de un testigo, lo cual se hace exhibiéndoselo durante su declaración, previa constatación de parte del juez y de las partes de la audiencia (Fiscalía, defensa, víctimas y ministerio público, demandante o demandado) de que los documentos que se le van a exhibir al testigo, han sido previamente descubierto por las partes en las oportunidades procesales dispuestas para ello.

Así las cosas, si se pretende impugnar el dicho de un testigo, frente a un correo electrónico, se debe solicitar permiso al juez para darle traslado a las partes primero del documento, para luego exhibírselo al testigo, y que este lo lea, lo reconozca y explique su contenido.

Cuando se quiere impugnar que el testigo afirmó una cosa en una declaración previa, y luego dijo otra cosa diferente, es necesario que el testigo reconozca la declaración, y luego se le coloca a leer el aparte de la declaración en que existe la contradicción, subrayado. No es necesario solicitarle explicaciones o justificaciones de tal contradicción, solo es necesario evidenciarla y resaltarla ante la audiencia, las explicaciones o justificaciones son problema de la contraparte.

¿QUE ES UN TESTIGO HOSTIL?

En un juicio, para un abogado uno de los más grandes retos es hacer un buen contrainterrogatorio, porque se tiene que atacar con preguntas a un testigo que ha presentado su contraparte, y que por obvias razones, apoya su causa y va en contra de quien contrainterroga.

El testigo hostil siempre está a la defensiva, dispuesto a contestar y devolver los golpes que le lanza el entrevistador con sus preguntas (se siente como en el beisbol, en la caja de bateo, dispuesto a pegarle a todo lo que le lance el pícher). Desde el primer instante se siente atacado, y siente que su entrevistador es su enemigo declarador, que lo quiere dejar como un mentiroso o ponerlo en ridículo frente a todo el mundo, y de ninguna forma lo va a permitir. En su mente tiene un firme pensamiento: "No me voy a dejar de este hp".

Cuando las preguntas son fáciles para el testigo hostil, las responde con una sonrisa y mirando a su entrevistador, mostrando toda su arrogancia.

Cuando las preguntas son relativamente complicadas, pero con respuesta, se toma su tiempo, mira al abogado que respalda su causa, como buscando respuestas, pide tiempo para pensar, y luego responde con igual arrogancia. Trata de burlarse del entrevistador, y en su mente se encuentra el pensamiento: "No vas a poder conmigo hp, y ahora me voy a divertir contigo".

Cuando las preguntas son difíciles y complicadas, comienza a salirse por la tangente, elude su responsabilidad y se justifica. Señala a otros como culpables, preferiblemente su contraparte. Cambia su actitud, comienza a enojarse y a incomodarse, siente que pierde con su rival. Se enfurece con cada pregunta sin respuesta, con cada contradicción que le encuentren, y cada mentira que le descubran. Acumulan y acumulan furia, y en ocasiones estallan, ya sea agrediendo al entrevistador con palabras, discutiendo con él o insultándolo, otros en cambio, toman la decisión de negarse rotundamente a seguir contestando las preguntas. Con lo cual, caen en la trampa del entrevistador.

Los testigos hostiles más difíciles son los que encuentran la forma de encontrar excusas para cada pregunta, evadir su responsabilidad echándosela a otros, y crear una historia diferente como una cortina de humo que logra confundir a toda la audiencia y hasta el juez, son como una especie de pulpo que cuando se encuentra asechado por un depredador, suelta un chorro de tinta, y sale ileso del peligro. Se mueven dentro de lo razonable y lo justificable, en términos legales se hablaría de que saben sembrar una duda razonable, planteando varias hipótesis de lo que pudo haber ocurrido, y sembrando la duda, justa para favorecer su causa.

Discutir con ellos es un gran riesgo, pues saben argumentar muy bien, pues crean historias creíbles, y que ellos mismos se creen para dar más fuerza a sus argumentos, por ello, la mejor forma de atacarlos, es con evidencia científica irrefutable, y aún así, son muy dados a negarlas a través de las excepciones a la regla general. Por ello es necesario hacerlos enojar, saturarlos con temas que no conocen, para que pierdan la tranquilidad y cometan errores.

Si bien es cierto, el testigo hostil es un término jurídico, podemos decir, que también se presenta en la vida diaria, en muchas circunstancias familiares, laborales, políticas y académicas que se nos presentan a diario, cuando tenemos a una persona dispuesta a negar todo, incluso en contra de la razón y la evidencia, solo por ganar una discusión, o salir bien librado de ella.

Ingrid Betancourt Pulecio
@IBetancourtCol

Seguir

Petro Pilatos:

-Bomberos sin plata? No es mi culpa
-Leyva suspendido? No es mi culpa
-Fuera Panamericanos? No es mi culpa
-Vacunas desaparecidas? No es mi culpa
-Despilfarra su mujer? No sabía
-Lo financió el narcotráfico y Fecode? No es mi culpa
-El hijo delinque? No lo crié yo

9:26 · 25/01/24 De Earth · **142k** visualizaciones

LOS PROBLEMAS DEL TESTIMONIO COMO PRUEBA

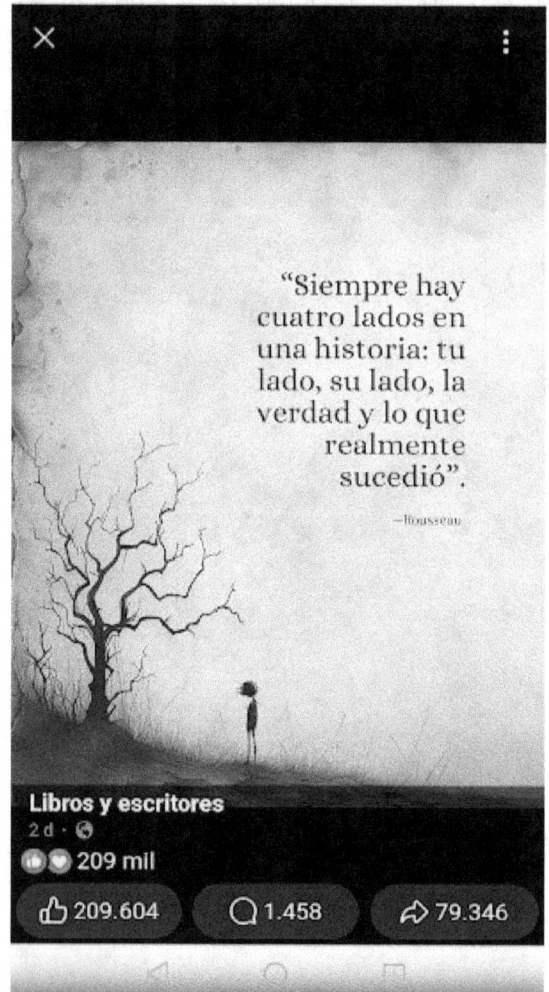

La prueba testimonial es una de la pruebas más antiguas desde el punto de vista procesal, y durante mucho tiempo fue la prueba de mayor valor, antes de que el peritaje a través de la ciencia, la prueba documental a través del video, la fotografía y los chat, permitieran captar mejor la realidad de lo ocurrido.

Es deber del juez en el juicio tratar de reconstruir los hechos ocurridos y objeto del debate jurídico a partir de las pruebas aportadas por las partes o las que él mismo ordene de oficio cuando tiene dicha facultad -pues en materia penal le está prohibido decretar pruebas de oficio para no quebrantar la igualdad de armas-. Pese a ese deber, el juez se enfrenta con varias limitantes para hallar la verdad, el primero es el principio de oportunidad de la prueba, que es la etapa procesal donde deben aportarse las pruebas por las partes, el segundo es el tiempo, solo se pueden incluir y practicar las pruebas en un límite de tiempo para evitar que los juicios sean eternos, y el tercero es la legalidad, que establece que solo se podrán valorar las pruebas que cumplan el debido proceso y no afecten derechos fundamentales.

El testimonio es un tipo de prueba que comprende la declaración de alguien que ha percibido los hechos objeto del juicio a través de sus sentidos (vista, oído, tacto o gusto). Existen diferentes clases de testigos:

Testigos directos: Que percibieron los hechos objeto de juicio en el momento ocurrido.

Testigos indirectos: Los que captaron hechos antes o después o relacionados con los hechos objeto del juicio

Testigos de oídas: que conocieron de los hechos por conducto de un testigo directo.

Testigo sospechoso: Que guarda cierta relación o interés con alguna parte.

Testigo calificado: Quién además de captar los hechos, tiene un conocimiento especial o una profesión o técnica que le permite dar un concepto especializado.

Testigo inhábil: Que tiene una incapacidad física o mental permanente o temporal para declarar.

Al testigo como prueba se le trabajan varios aspectos:

Acreditación: Quién es, qué hace y por qué viene a rendir testimonio.

Memoria: Si puede recordar bien los hechos.

Coherencia: Si puede narrar de manera lógica, clara y consistente los hechos ocurridos.

Credibilidad: Por qué se le debe creer al testigo.

Desafortunadamente, toda persona tiene sus limitantes, y en efecto, puede no recordar bien lo que ocurrió luego del paso del tiempo, puede que tenga errores de percepción, pues estaba oscuro, no pudo ver el detalle, o mal interpretó los hechos ocurridos. Así las cosas, se presentan varias versiones de un mismo hecho, dadas por diferentes personas, generando cuatro versiones en un juicio: La del demandante, la del demandado, la que se recoge en la sentencia y la que realmente ocurrió.

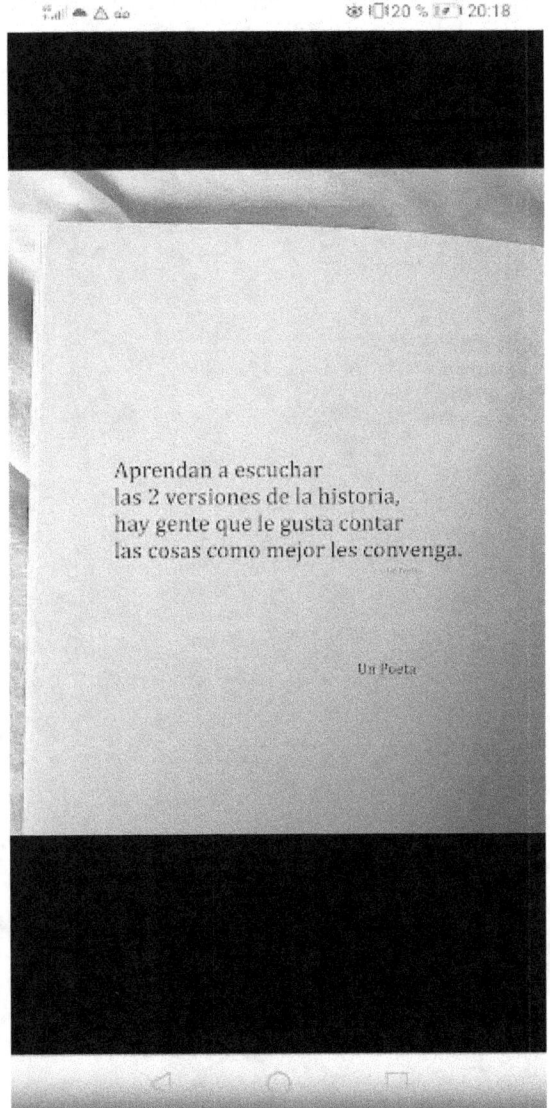

Es también claro que el juez tiene tiene que oír a las dos partes dentro de un juicio, y debe analizar la veracidad de cada historia, partiendo de que en efecto ambas tienen un interés en el proceso, y es que se le reconozcan las pretensiones. De esta manera, a pesar del apremio por decir la verdad so pena de incurrir en falso testimonio, siempre existirá un interés y una tendencia natural de las partes de contar las cosas como mejor le convenga. Así las cosas, un testigo puede tener un interés marcado por su relación con alguna de las partes, narrando los hechos de una manera muy conveniente a la parte que a veces lo llama como testigo.

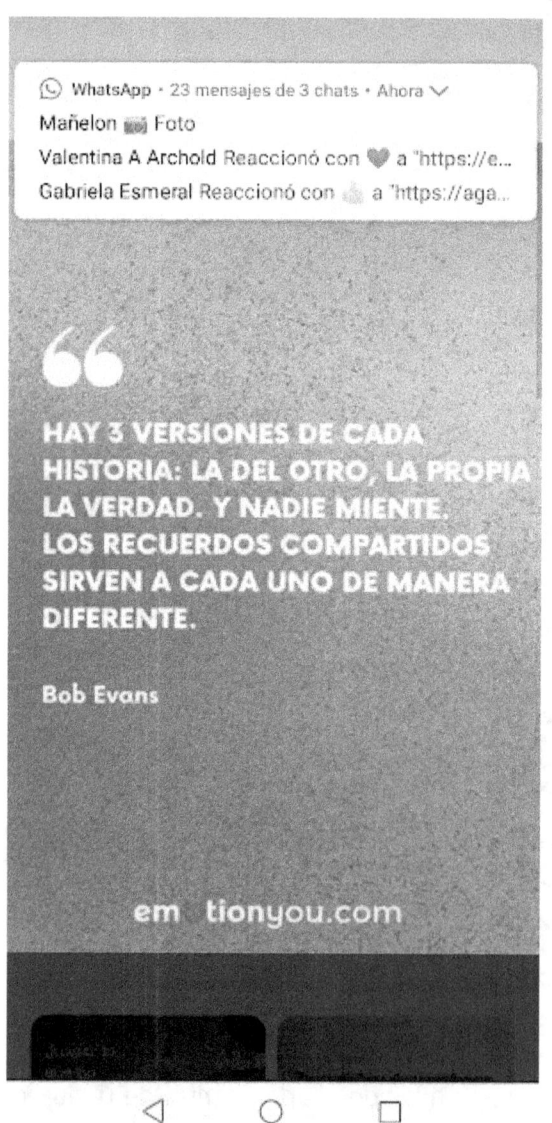

En muchas ocasiones los hechos se interpretan, y solo de la visión en conjunto de varios testigos se puede reconstruir una versión lógica de lo que ocurre. En algunos casos, los testigos son concurrentes en sus versiones y no existen tantos problemas para la reconstrucción de los hechos. Existen ocasiones en que los testigos son sospechosamente concurrentes y se observa que han sido instruidos o libreteados, por lo cual pierden en gran forma la credibilidad. Y en otros casos, existen verdaderas incoherencias y contradicciones entre los testigos, donde se debe hacer mayor esfuerzo para reconstruir la verdad, descartando la totalidad o parte de las declaraciones de algunos testigos, e interpretando de forma global la declaración de otros, y en últimas, a través de los criterios de la sana crítica construir una versión final en la sentencia de lo probado.

Miguel Díaz on X: "Recuerda que siempre hay tres...

Las imágenes pueden estar protegidas por derechos de autor. Más información

La prueba le pertenece al proceso, no a las partes, en ocasiones puedes presentar un testigo o solicitar un testimonio que en últimas te resulta adverso o contrario, porque declara algo que te desfavorece en tu teoría del caso. Ello ocurre cuando no conoces previamente al testigo y revisas lo que sabe. También puede ocurrir que en el contrainterrogatorio el testigo diga otras cosas o se contradiga, y la prueba pierde su consistencia y credibilidad. O en últimas, de que el testigo en efecto declare mentiras.

Un testigo desconocido puede ser imparcial y objetivo, y declara lo que realmente sabe, pues no tiene ningún interés ni relación con las partes. Sin embargo, no conocer la declaración previamente es un alto riesgo, pues pueden surgir hechos o circunstancias nuevas que pueden tomar por sorpresa al interrogador, y que lo puede afectar en gran manera.

En relación con los testigos, como ya se mencionó existen testigos fabricados dispuestos a decir una mentira, a sostenerla e incluso a soportarla con otras evidencias falsas. Cuando existen testigos fabricados, es bastante complicado enfrentarlos y atacarlos sin una buena preparación. Son testigos adversos, que se comprometen con la mentira y la defienden hasta las últimas consecuencias, por tanto, justifican sus mentiras, modifican las respuestas, cambian las versiones y cubren su mentira a través de una declaración lógicamente coherente, pero falsa.

Los seres humanos tienen una facultad especial para decir mentiras, para amañar las versiones a sus mentiras, e incluso llegan a creérselas, para convencer a la audiencia, hasta el último momento, e incluso aunque exista contra evidencia que desacredite lo que está diciendo. Una vez una persona incurre en perjurio defiende su posición como causa propia, pues tiene todo que perder.

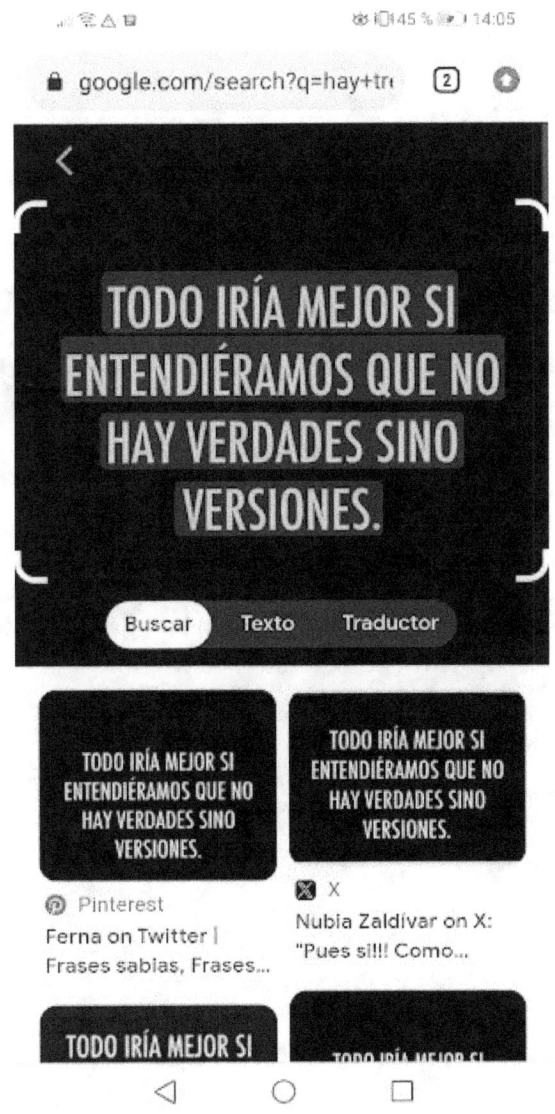

El juez debe tener bien claro que en un proceso complejo, pueden existir dos versiones de un mismo hecho, debido al interés contrapuesto de las partes, y debido a la interpretación que haga cada parte de los hechos. El juez no debe concentrarse en ver cuál de las dos versiones es más lógica, sino en tratar de establecer la veracidad de cada hecho para luego crear su propia versión en la sentencia.

En el derecho es claro que existe una verdad real y una verdad procesal. En la verdad real, es lo que realmente ocurrió, pero la verdad procesal, es aquella reconstruida en el juicio a través de las pruebas practicadas. Lo ideal es que la verdad real y la verdad procesal concuerden, sin embargo, no siempre es así, porque no se pudo probar, porque una prueba de decreta como ilegal, o porque existió un fraude procesal que logra engañar al juez.

En los juicios, hay ciertos testigos que por su naturaleza tienen un gran impacto en la audiencia, ya sea negativa o positiva. Cuando existen niños como víctimas, la tendencia humana es a su protección, así que el supuesto agresor inicia con desventaja. Así mismo ocurre con los ancianos, las mujeres y otras personas con cierto tipo de discapacidad.

En los procesos con personalidades públicas carismáticas, también es difícil manejar el tema de credibilidad, pues la admiración que generan en la audiencia los hace parecer buenos, y se requiere hacer mucho esfuerzo para probar lo contrario.

En igual sentido, los lobos siembre tendrán su mala fama y será muy difícil hacerlos percibir como víctimas. Aquí nos encontramos con denuncias de acoso sexual, violencia intrafamiliar y violación en contra de hombres, donde es muy complicado cambiar la percepción de la audiencia, de que dicha persona puede ser inocente.

LOS PROBLEMAS DEL TESTIMONIO

En términos generales los testimonios se deben atacar en tres frentes:

Memoria: qué tanto recuerda el testigo.

Coherencia: Que su relato no sea contradictorio, o no se contradiga con las demás pruebas.

Credibilidad: Que no exista engaño o mentira.

Sin embargo, existen otros aspectos que se deben evaluar del testigo, y que se deben tener en cuenta al realizar un interrogatorio o un contrainterrogatorio.

Un testigo narra lo que percibió a través de sus sentidos, pero al mismo tiempo, los hechos son objeto de interpretación, y la realidad misma puede ser objeto de varias interpretaciones. Un mismo hecho puede tener dos interpretaciones o más dependiendo de quién lo interprete o lo analice, para una persona una frase puede sonar amenazante, pero para otra, puede sonar como una broma.

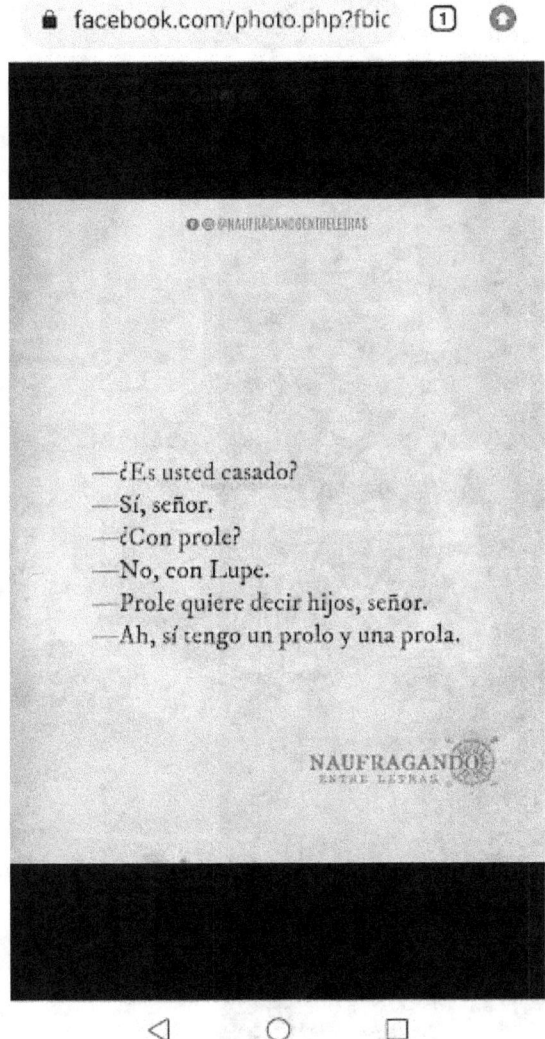

Los testigos pueden tener una percepción particular sobre determinados hechos, y ello no implica que estén mintiendo, el problema es que de esa percepción pueden sacar conclusiones erróneas, pueden hacer juicios erróneos, pueden hacer suposiciones y pueden hacer interpretaciones. El trabajo del interrogador, es extraer la narración de los hechos relevantes, y diferenciarlas de las suposiciones o interpretaciones erróneas.

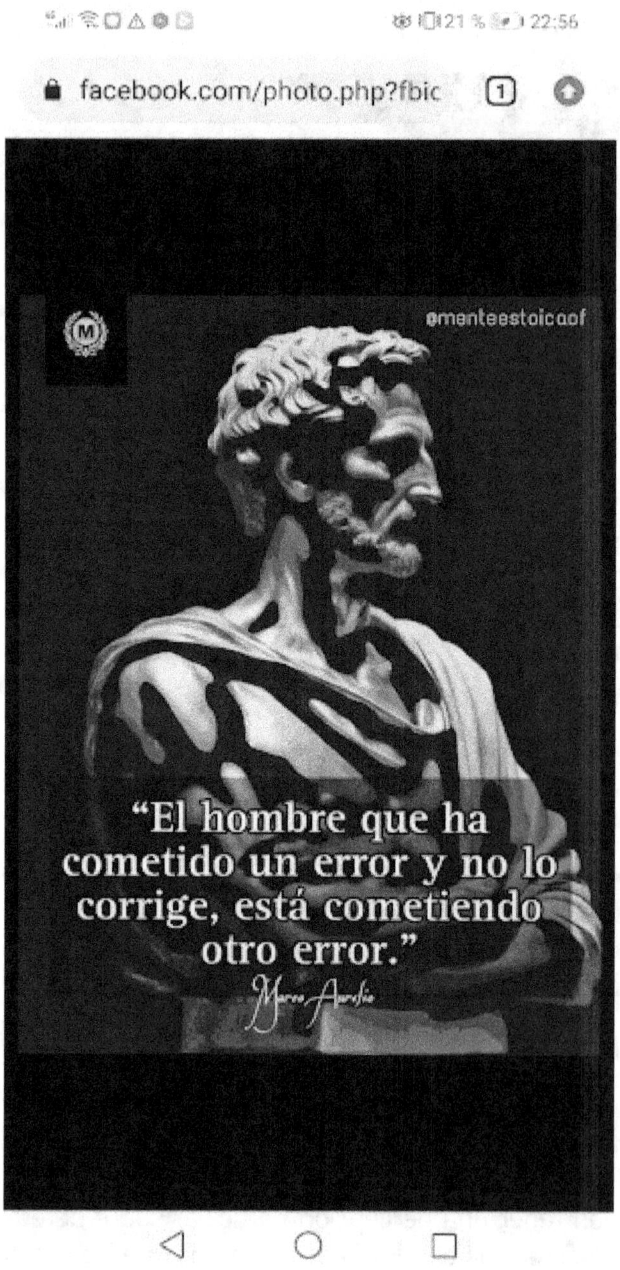
22:56
facebook.com/photo.php?fbic
@menteestoicaof
“El hombre que ha cometido un error y no lo corrige, está cometiendo otro error.”
Marco Aurelio

Existe una frase que dice que si una persona dice una mentira, tendrá que decir muchas más para ocultarla. De esta manera, cuando alguien está mintiendo sobre algo, puede comenzar una cadena de mentiras, hasta que la evidencia lo descubre.

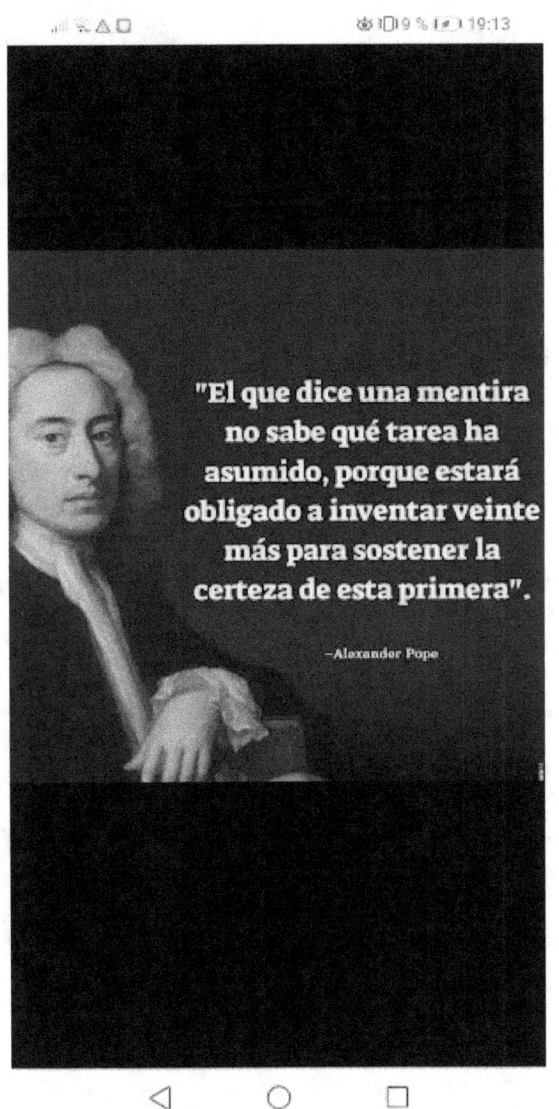

También existe una regla de que, si alguien hace una afirmación se encuentra obligado a justificarla, de esta manera, por principio lógico y por coherencia, las personas tratan de justificar sus actos, muy a pesar de que no sean buenos.

El trabajo del interrogador, es detectar las mentiras y hacerlas evidentes en el juicio para desacreditar al testigo. Por ello, si es importante tener suficiente conocimiento del caso y de las demás pruebas, para descubrir las contradicciones y evidenciarlas en el interrogatorio.

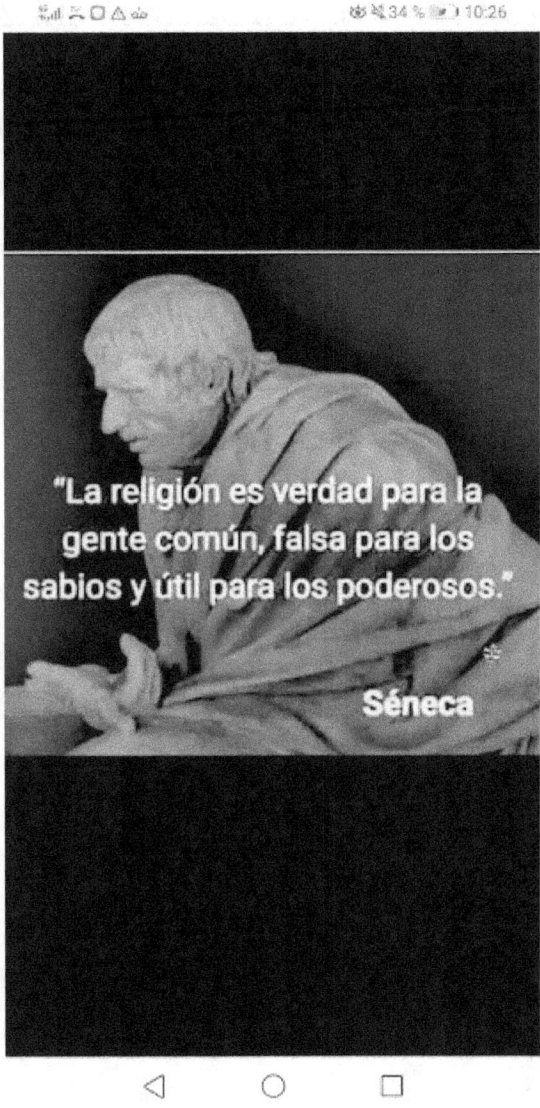

Las creencias y las creencias religiosas, también son un factor determinante en la narración de un hecho. Las personas suelen ocultar, anular o borrar en sus relatos hechos que vaya en contra de sus creencias, por convicción o por vergüenza. La coherencia obliga a la persona a ocultar situaciones en que se pone en duda lo que siempre ha pensado o como siempre ha aparentado comportarse.

Recurrir a las creencias religiosas de los testigos, es un tema muy delicado, porque la reacción del testigo y de la audiencia puede ser adversa, pero cuando se evidencia que la persona miente por su creencia, o está ocultando algo por el mismo motivo, deben utilizarse con mucha destreza los principios de dicha creencia que el testigo esta vulnerando, haciéndolo reconducir su declaración con base en la coherencia.

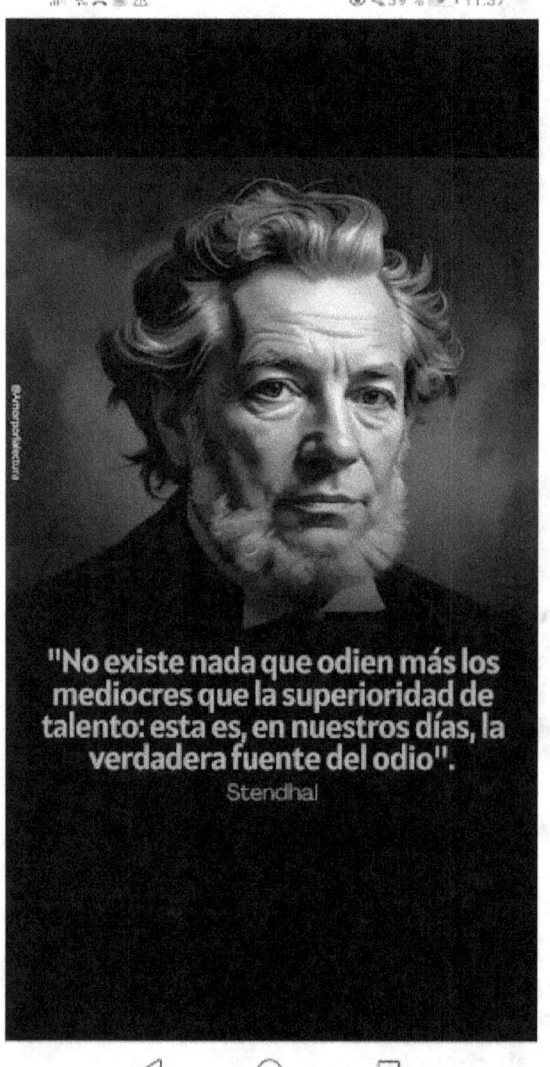

El odio o la envidia frente a una persona o grupo de personas, puede sesgar el testimonio de alguien. Los odios fundados o infundados, motivan a una persona a desfavorecer a quién odia, y a favorecer a sus contradictores. Se pierde la objetividad cuando se escoge un bando.

Personas racistas, extremistas o fanáticas ideológicas, religiosas o políticas, suelen atacar con odio a sus contrarios. Cuando se evidencian estos sesgos u odios, el interrogador puede atacar la credibilidad de un testigo.

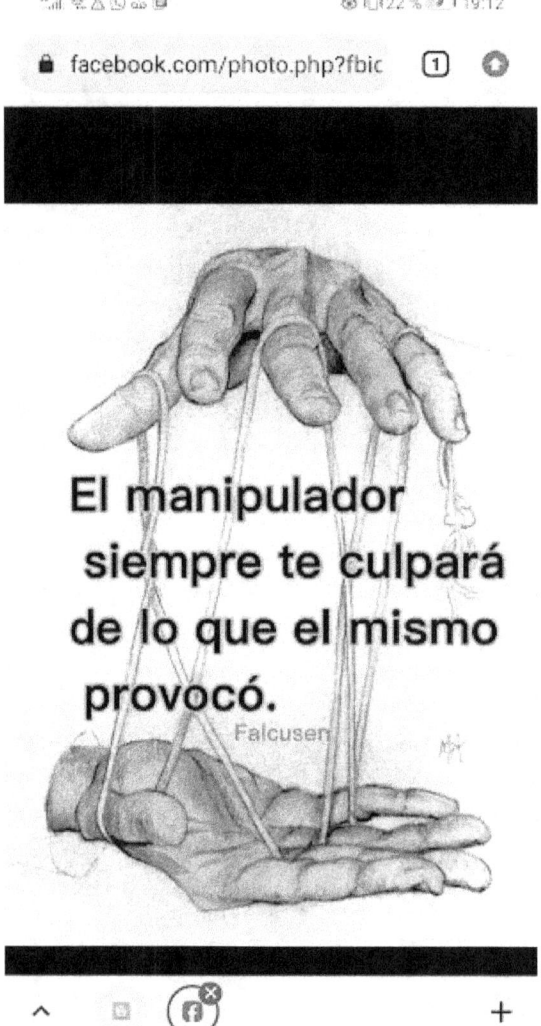

Quién ha manipulado una situación para llegar a un juicio, seguirá haciendo todo lo necesario para conseguir su objetivo. Los abogados tienen fama de ser los que manipulan a los testigos, las pruebas y el juicio, pero también existen víctimas o victimarios con un perfil manipulador, que convierten el juicio en un drama teatral, llorando, gritando y mintiendo, donde se meten tanto en el papel que se lo terminan creyendo.

Personas con la necesidad de mentir, de buscar protagonismo o de llamar la atención sobre sí mismo, son personas que hacen cualquier cosa para conseguir sus fines. Un juicio puede ser el papel protagónico de su vida, y meten a todo el que quieren asignándoles roles. Toda la realidad la tergiversan con base en el guion que montaron en su cabeza, y suenan tan convincentes que hay que trabajar muy duro para bajarlos de la tarima.

Testigos así son bastante adversos, suenan convincentes y se apegan a su libreto, con la posibilidad infinita de seguir inventando otras escenas.

> Cada persona actúa desde su nivel de entendimiento, madurez, inteligencia y empatía. Su problema no es contigo, es con su propio razonamiento.
>
> @laescrituraescultura

El testimonio de una persona depende de su grado de instrucción, su conocimiento, su edad, su religión. Hay testigos que por su falta de educación incurren en una serie de errores de conceptos, de análisis y de percepciones. Igualmente, no es lo mismo un testigo adulto mayor o un niño. En estos casos, el interrogador debe buscar ser lo más paciente y simple posible para que la persona comprenda lo que se le está preguntando.

Igualmente, cuando se trata de testigos calificados con conocimientos profesionales o técnicos que pueden aportar una visión diferente sobre los hechos. En igual sentido, se debe tener mucho cuidado con los testigos calificados pues también pueden utilizar sus conocimientos a favor de una de las partes del proceso, o a su favor, aprovechándose del desconocimiento de la audiencia en el tema.

También hay testigos que por su timidez no transmiten la credibilidad necesaria, por los nervios o por el miedo a hablar en público. También hay testigos arrogantes, antipáticos o despreciables cuya declaración afecta la empatía del juez y de la audiencia. En estos se requiere trabajar de forma previa para que transmitan su testimonio y generen claridad y empatía hacía ellos.

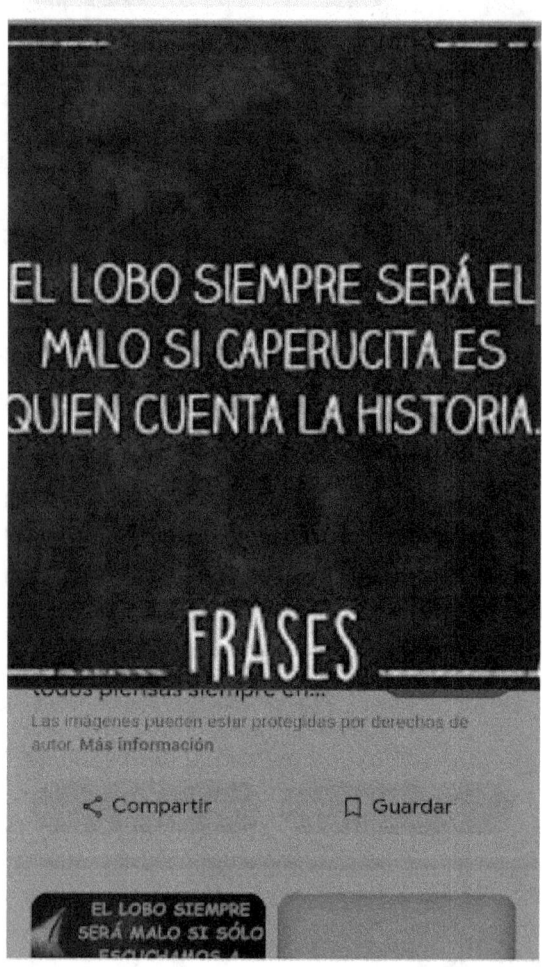

Los estereotipos sociales también influyen en un testimonio. El grado de credibilidad de un testigo puede generarse a través del estereotipo que transmita. De esta manera, el testigo niño, genera un impacto hacia la audiencia muy grande, pues existe la propensión del ser humano de proteger a los niños, a los ancianos y a los que tengan una condición especial de vulnerabilidad: mujeres, mujer embarazada, etc.

De otra parte, existen otros estereotipos negativos, donde la persona encaja en un perfil malvado, como el drogadicto, el alcohólico, el vago, el hombre maltratador, el policía corrupto, etc.

Manejar los testimonios de personas con ventajas de protección, es importante tanto cuando sus declaraciones son a favor, como cuando son en contra. Atacarlos no es una opción muy recomendable, pues desatarás la ira de la audiencia.

Igualmente tratar de exaltar a un testigo con el estereotipo negativo, también es difícil, si no se sabe trabajar, pues también encontraras una reacción adversa de la audiencia.

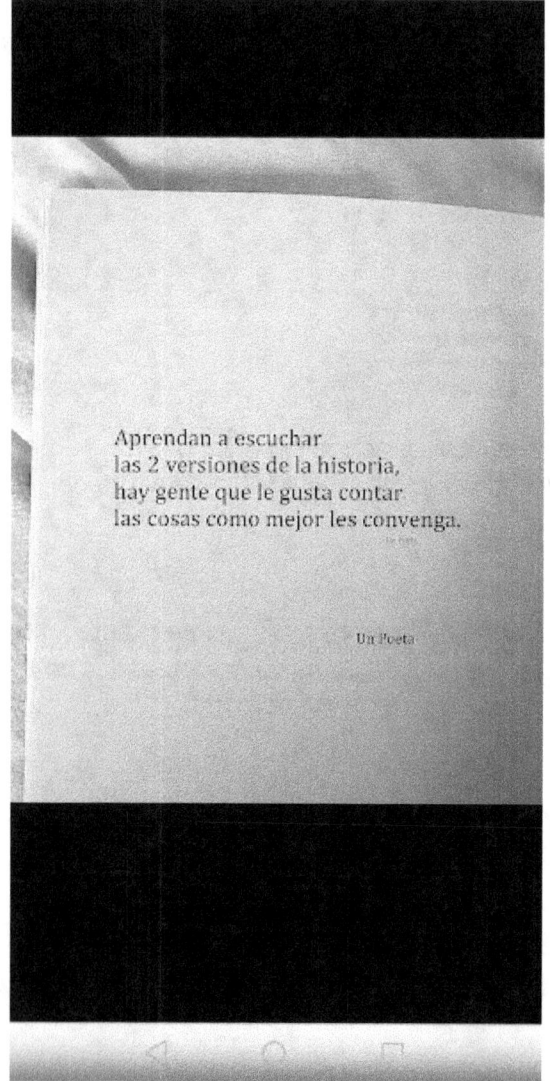

El interés en la contienda es determinante para construir una versión sobre los hechos, por regla general son las partes las que tienen un interés manifiesto en la sentencia, y por ello, son esas declaraciones la que los jueces analizan con beneficio de inventario, sin embargo, en muchas ocasiones los testigos tienen intereses ocultos, y no es tan evidente descubrirlo, se requiere de mucho trabajo de investigación previa, para descubrir la relación que puede existir entre un testigo y alguna de las partes, o si alguna de las partes le ha ofrecido algún beneficio a cambio de una declaración favorable.

LA INTERPRETACIÓN DE LA PRUEBA

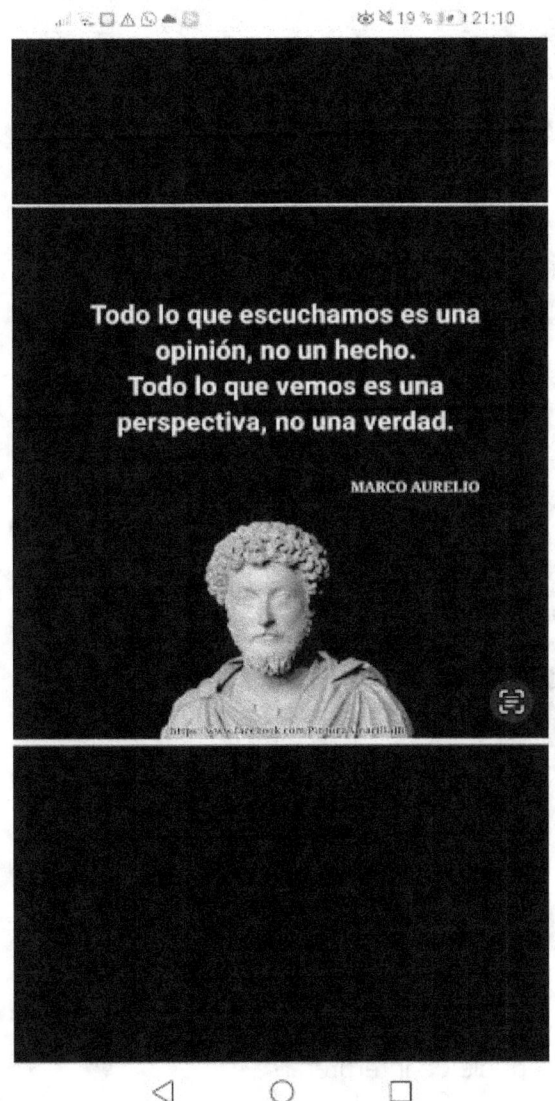

¿Las pruebas se interpretan?

Si, todo hecho probado, también es susceptible de interpretarse.

Un hecho probado tiene varias interpretaciones, un motivo y unas implicaciones, diferentes, dependiendo de la parte que lo alega.

Hay que recordar que las partes pueden contar con una o varias pruebas comunes, pero difieren de sus implicaciones, interpretaciones y efectos, y cada parte, frente a unas mismas pruebas, puede hacer alegaciones o argumentos contrarios, valiéndose de la lógica o de otras pruebas.

Una carta puede tener una declaración firmada por alguien, y puede confirmar un hecho, pero si quien la hizo fue sobornado, o amenazado, la carta y la declaración pierden credibilidad.

Si en un hecho delictivo, no se encuentra el arma homicida, puede significar que quien realizó el delito la ocultó para no ser descubierto, pero también pudo haber sido un tercero que se apoderó del arma al encontrarla por casualidad, o que la policía la tomó para inculpar al delincuente en otro caso.

Una amenaza a través de una red social, puede significar, no estoy de acuerdo contigo, ni con nadie que piense como tú; puede significar que quiero acabar contigo y con todo el que piense como tú; o puede significar, son tan estúpidos que merecen morir, pero no me voy a molestar en hacerlo; o te lo advierto, no te metas conmigo.

Un contrato mal realizado, puede significar una acción dolosa de obtener algún beneficio o de favorecer a alguien; o puede ser un error, que se cubrió con una mentira y con más documentos falsos, para ocultar un error.

Una denuncia por un hurto de un dinero ajeno, puede ser un autorobo o un verdadero robo de un tercero.

Matar a un hombre con un disparo, puede ser un homicidio agravado, un homicidio culposo, un homicidio preterintencional o una legítima defensa.

Una persona que cae de un cuarto piso y muere, puede ser un suicidio o un homicidio.

Las pruebas que prueban los hechos también pueden ser interpretados de acuerdo con las reglas de la sana crítica, donde se deben aplicar las reglas de la experiencia, las reglas de la ciencia y las reglas de la lógica, partiendo de la relación y coherencia entre la prueba analizada, con las demás pruebas del proceso.

EL ANÁLISIS DE LA PRUEBA Y LOS ESTÁNDARES PROBATORIOS

Los estándares probatorios, son criterios que regulan el análisis probatorio, es decir, que tanto debe cumplir un medio probatorio para que el juez afirme la ocurrencia del hecho que estaba dirigido a probar. Un estándar es entonces, una medida, y en el caso probatorio, es la medida lógica que debe tener un juez para declarar un hecho probado dentro de un proceso (Guerra, 2020).

Lo anterior implica varios procesos de análisis. En primer lugar, hay que tener en cuenta, que en derecho procesal existen dos verdades, la verdad material y la verdad procesal. Todo proceso judicial va encaminado a hallar la verdad de lo ocurrido para impartir justicia, y en consecuencia, todo proceso que no tenga como finalidad hallar la verdad material, es un proceso injusto (Taruffo, 2008).

Sin embargo, la verdad suele ser más una obligación del juez, a pesar de que las partes por lealtad procesal y para no incurrir en delitos (como el fraude procesal, la falsedad en documentos, el soborno entre otros), deben coadyuvar con la justicia para hallar la verdad material, sin embargo, los abogados y las partes, desempeñan roles antagónicos dentro de un proceso, y de ahí que sea natural que las partes tengan que defender más sus teorías del caso y sus pretensiones que la verdad real (Taruffo, 2008). Igualmente, dentro de un proceso judicial, cuando se acude al juez que es un tercero imparcial, se busca no solo que tome una decisión, sino que constate los hechos realmente ocurridos, y con base en ellos tome una decisión.

Es claro que la corrupción judicial y los fraudes procesales cometidos por las partes, valiéndose de documentos falsos, falsos testigos, y peritos corruptos, puedan generar decisiones judiciales injustas, basadas en hechos falsos, y por eso, el derecho procesal y el derecho penal, tienen varios mecanismos para castigar y corregir las decisiones tomadas con base en pruebas falsas, como son los recursos ordinarios, las nulidades, los saneamientos que hace el juez, la compulsa de copias a la justicia penal, los procesos penales por delitos contra la administración pública y administración de justicia, los recursos extraordinarios de revisión, entre otros.

Por otra parte, la búsqueda de la verdad material en el proceso se encuentra limitada por varios factores, como son el tiempo, las oportunidades procesales y la figura de la exclusión por ilicitud de la prueba. Sobre el primer escenario, se puede decir, que todo proceso tiene un límite para adelantarse, y ello vincula a figuras como la prescripción del derecho o la caducidad de la acción. Igualmente, también el proceso impone un límite de tiempo para adelantar las actuaciones procesales, como son los tiempos de traslados, los tiempos de los periodos de pruebas, entre otros.

En cuanto a lo segundo, que son las oportunidades procesales, son los momentos en los cuales las partes pueden ejercer su derecho de aportar las pruebas que quieren hacer valer en el juicio. Si las partes no aportan las pruebas en esos momentos procesales, su derecho precluye o se extingue, quedándole solo las opciones de solicitar una prueba sobreviniente, o que se decrete una prueba de oficio por parte del juez. Por lo menos, en el proceso civil, las oportunidades procesales son las siguientes:

"Demanda, contestación de la demanda, demanda de reconvención, contestación de la reconvención, traslado de las excepciones, solicitud de medidas cautelares, proposición del incidente y contestación del incidente, en el curso de una inspección judicial, y excepcionalmente en la declaración de parte." (Castellanos, 2020).

En el proceso penal ordinario, por ejemplo, las oportunidades para aportar medios de pruebas, son la audiencia de formulación de acusación por parte de la fiscalía (Art 336 del C.P.P), y en la audiencia preparatoria por parte de la defensa (Art. 356 C.P.P). En el proceso penal abreviado, la fiscalía deberá dar traslado de los medios de prueba, con el traslado del escrito de acusación (Art. 540 del C.P.P), y la defensa deberá aportarlos en la audiencia concentrada (Art. 542 del C.P.P).

El tercer punto, que se refiere a la ilicitud de la prueba se genera, a que las partes y el juez, podrán solicitar o decretar –respectivamente- la práctica de todos los medios de prueba lícitos, por lo tanto, se encuentran terminantemente prohibidos aquellos medios de prueba que vulneren derechos fundamentales o vulneren las exigencias legales para su práctica o su recolección.

Como consecuencia de estas tres restricciones se sacan las siguientes reglas:

1. Nadie podrá practicar las pruebas por fuera de los tiempos y oportunidades procesales establecidos en la Ley, debido a que los juicios no pueden extenderse infinitamente para hallar la verdad.

2. Nadie puede conseguir la verdad a cualquier precio, está prohibido que la justicia y el Estado vulnere los derechos fundamentales y el principio de legalidad, para buscar la verdad.

De esta forma encontramos, que la verdad, no es una finalidad de las partes, sino que se configura como un deber del juez, que busca una verdad de unos hechos para aplicar el derecho, y que ese juez, está limitado por los tiempos procesales, las oportunidades procesales y por la licitud de los medios de prueba.

De esta manera, se entiende como verdad material, lo que realmente ocurrió, los hechos reales, en contraste con la verdad procesal, que es aquella que se ha probado en el proceso. Por esta razón, puede existir un delincuente que haya matado a una persona (verdad material), pero por falta de pruebas, o porque las pruebas allegadas al proceso son ilegales, es declarado inocente (verdad procesal).

Ahora bien, teniendo en cuenta que es el juez el que tiene que llegar su convencimiento de los hechos ocurridos, para aplicar el derecho, el juez debería tener en cuenta los siguientes elementos:

1. Deberá admitir o decretar la prueba, con base en la relevancia y licitud de la prueba, para ello, deberá admitir solo las pruebas que guarden una estrecha relación con los hechos del proceso, y que se han definido como las características intrínsecas de la prueba como son la pertinencia, conducencia y necesidad (Castellanos, 2020). Y también tendrá que analizar la licitud de la prueba, que implica analizar si vulneró o no derechos fundamentales, y si el medio de prueba cumple con las exigencias legales para ser admitida en el proceso (Castellanos, 2020).

2. Deberá analizar los efectos de un medio de prueba en el proceso, es decir, deberá analizar el contenido de la prueba, y qué es lo que realmente prueba. Para ello, el juez debe evitar incurrir en errores por falso juicio de identidad, y es cuando un juez le da un contenido a una prueba que no lo tiene (CORTE SUPREMA DE JUSTICIA. Sala Penal. Proceso 20604. Septiembre 8 de 2004. M.P. Jorge Luis Quinterio Milanés), como, por ejemplo, asume que un testigo dijo haber visto al asesino, cuando nunca lo dijo. O un error por un falso juicio de raciocinio, cuando el juez le da un efecto a una prueba abiertamente contrario a las leyes de la lógica, la experiencia o la ciencia (CORTE SUPREMA DE JUSTICIA. Sala Penal. Proceso 20604. Septiembre 8 de 2004. M.P. Jorge Luis Quinterio Milanés), como, por ejemplo, el juez asume que el homicidio no se produjo a corta distancia, sino a larga distancia, muy a pesar de que el perito de medicina legal afirma haber encontrado en el cuerpo un mapa de pólvora, lo cual es coherente con la versión de que a la persona fallecida le dispararon a corta distancia.

3. Luego de analizar el contenido de la prueba, el juez tendrá que comparar, contrastar y analizar el contenido de cada prueba, con el resto de pruebas, y encontrar la coherencia o congruencia entre ellas, para hallar su versión de los hechos. En este análisis el juez tendrá que comparar los efectos de cada prueba y tendrá que tomar en cuenta todo el acervo probatorio para ello. El juez tendrá que evitar en este análisis, el error por falso juicio de existencia, que es cuando excluye de su análisis una prueba relevante para los hechos, o crea un efecto de una prueba inexistente (CORTE SUPREMA DE JUSTICIA. Sala Penal. Proceso 20604. Septiembre 8 de 2004. M.P.Jorge Luis Quinterio Milanés).

Así las cosas, hay que diferenciar entre los medios de pruebas y sus efectos, pues los medios de prueba son cualquier fuente de información que le permita al juez hallar la verdad sobre los hechos, mientras que sus efectos, son la relación causal, entre la información suministrada por un medio de prueba, y lo que resulte probado en el proceso, luego de ser practicado en audiencia y sometido al derecho de contradicción. Los medios de prueba se admiten o no, y los efectos de las pruebas se analizan. Los efectos de las pruebas se analizan como una relación de causalidad, se determina al medio de prueba como una causa, que produce información relevante para el proceso, y se produce un efecto en el proceso, que es la confirmación o el descarte de un hecho relevante para el proceso (Taruffo, 2008).

Para analizar los efectos de un medio de prueba en el proceso, el juez tendrá también que tener en cuenta lo siguiente:

Relevancia del medio de prueba.

Credibilidad del medio de prueba.

La coherencia Lógica.

La probabilidad de verdad.

En relación con la relevancia, el juez tendrá que valorar la relación existente entre la información que suministra el medio de prueba y los hechos del caso. Entre mayor relación tenga un medio de prueba con los hechos del caso, más relevante es la prueba. De ahí que existan pruebas directas e indirectas, donde encontraremos testigos que se refieren a hechos puntuales del caso, pero también encontraremos testigos que narran el contexto de algunos hechos del caso, los antecedentes o eventos que ocurrieron paralelamente o después de los hechos del caso (Taruffo, 2008). Las pruebas indirectas podrán generar indicios de un hecho no conocido relevante. También puede darse la prueba en cascada, en la cual, se prueba un hecho, si se prueban los hechos que son presupuestos para el hecho desconocido se dé (Taruffo. 2008), por ejemplo: El sospechoso estuvo en el lugar de los hechos, había agredido previamente a la víctima en varias ocasiones, había anunciado que la iba a matar, la ropa que describen los testigos que tenía el asesino, coinciden con la ropa que vestía el procesado el día de los hechos.

La credibilidad de los medios de prueba se encuentra por la personalidad del testigo, su forma de llevar la vida, si tiene antecedentes de haber mentido en otro juicio, su carrera profesional, sus títulos si es un perito, experiencia profesional, su grado de educación, y su relación con las víctimas o con los victimarios (Taruffo, 2008). Así entonces, el juez deberá valorar la credibilidad de un testigo teniendo presente que es padre de la víctima, y que ello genera un interés; o deberá valorar un testigo que es empleado del victimario; o deberá valorar a un perito por sus títulos y su experiencia en la materia en que es consultado. De esta manera, el juez le dará mayor credibilidad a testigos que no tengan antecedentes de haber mentido, y que no tengan interés en el proceso, o que tengan una estrecha vinculación familiar, laboral o social con alguna de las partes.

La coherencia lógica, está relacionada con la lógica en que se presente la información, y su coherencia en sí misma, y su coherencia con otros medios de prueba. La racionalidad implica lógica y coherencia, todo ser racional rechaza lo ilógico y lo incoherente, y lo califica como absurdo e incomprensible. Entre las reglas de la lógica que se aplican en un racionamiento jurídico pueden estar, una persona no puede ser y no ser al mismo tiempo; una persona no puede estar en dos sitios en al mismo tiempo; si alguien realiza una acción, es responsable por el resultado derivado de ella; todas las personas tienen el deber de respetar las leyes y no causarle daño a otro.

La probabilidad en materia jurídica, es una probabilidad lógica (Guerra, 2020), y está relacionada con los estándares probatorios. En un juicio jurídico el juzgador debe enfrentarse con la incertidumbre de lo que ocurrió en un caso, precisamente, si las partes se encuentran de acuerdo sobre los hechos y lo único que queda pendiente es la indemnización de los perjuicios, pues no existe ningún tipo de incertidumbre, y el juez toma una decisión con los hechos aceptados por las partes, como ocurre en un proceso ejecutivo, donde el demandado reconoce la deuda y el título que se aduce en su contra. Pero en casos de incumplimiento de contratos, donde hay dos versiones sobre los hechos, en los casos laborales donde hay controversia sobre la existencia de un despido injusto, los casos penales donde hay controversia sobre la identidad del homicida, el juez tendrá que analizar todas las pruebas, y crear la versión más probable de los hechos con base en la información obtenida de dichas pruebas, afirmando cuán verdadero es un hecho.

De esta forma, el juez se enfrenta a la siguiente gráfica:

CERTEZA DE LO OCURRIDO	PROBABILIDAD DE QUE HAYA OCURRIDO EL HECHO	POSIBILIDAD DE QUE HAYA OCURRIDO EL HECHO	ES TOTALMENTE INCIERTO SI OCURRIÓ O NO EL HECHO
HECHO VERDADERO	MUY POSIBLEMENTE VERDADERO	MUY POSIBLEMENTE FALSO	FALSO

Ante esta situación, entendemos que no hay posibilidad en todos los casos de llegar a la certeza, o afirmar que un hecho es totalmente verdadero, pues existen muchas limitantes, debido a que siempre existen varias versiones de lo ocurrido, varias hipótesis de lo ocurrido, varias visiones de lo ocurrido, y existen además los intereses de las partes, y hechos totalmente desconocidos por el conocimiento, la lógica y la ciencia.

Ahora bien, la probabilidad que se exige en materia judicial, no es una probabilidad estadística, aunque si bien es utilizada en algunos casos como en los exámenes de ADN para el reconocimiento de la paternidad, la probabilidad que debe aplicar el juez es una probabilidad lógica, en la que toma hecho por hecho, y lo somete a un análisis lógico, en el cual, de acuerdo con la información suministrada por los medios de prueba, los cataloga como falsos o verdaderos, si establece que su ocurrencia es muy probable (Taruffo, 2008).

Por lo tanto, en el proceso judicial, se debe por lo menos llegar un nivel de probabilidad de que un hecho haya ocurrido y de que muy posiblemente sea verdadero. Para poner en práctica lo anterior, se pueden aplicar tres tipos de estándares probatorios

La probabilidad prevalente.	Exige para afirmar que un hecho es verdadero, que su ocurrencia sea probablemente, más verdadero que falso; así se considera un hecho probado si supera en probabilidad la hipótesis contraria o su negación. Porcentaje 51% (Taruffo, 2008).	Se puede decir, que las probabilidades de que un hecho haya ocurrido supera un porcentaje del 50%, por lo que se entiende que es un estándar poco exigente
La de la prueba clara y convincente.	Exige como parámetro un porcentaje del 75% de probabilidades de que el hecho sea cierto (Guerra, 2020).	Es decir el juez debe llegar a una intensidad en su convencimiento mayor, para declarar un hecho como verdadero.
Más allá de toda duda razonable. Se utiliza en derecho penal.	El juez debe estar muy convencido de la ocurrencia de un hecho, hasta el punto de estar prácticamente seguro. De razón, a que, si tiene duda razonable, deberá negarlo (Guerra 2020). El	Debe haber una conexión lógica muy fuerte sobre la ocurrencia del hecho para que lo declare como probado.

| | porcentaje puede estar por encima de un 80% o incluso de un 90% de posibilidades de su ocurrencia | |

Ahora bien, la probabilidad lógica surge de un proceso analítico en el cual, el juez parte de las tesis de las partes, que son dos hipótesis de lo ocurrido, luego de la práctica de pruebas, el juez tendrá que crear su propia hipótesis:

Pruebas del demandante	Pruebas del demandado
3 testigos	5 testigos
1 perito	Un perito
20 documentos	15 documentos
Declaración de parte	Declaración de parte

Podemos ver que, en efecto, el juez tendrá un acervo probatorio conformado por las pruebas de cada una de las partes, quienes querrán probar los hechos que soporten sus pretensiones. Las pruebas podrán ser contradictorias entre sí, y el juez tendrá que analizar cada una individualmente, y luego tendrá que analizarlas todas en su conjunto para acoger en su decisión:

1) La versión de los hechos del demandante.

2) La versión de los hechos del demandado

3) O una tercera versión creada por el juez, así como se presenta en el siguiente esquema:

Versión del demandante	Versión del demandado	Versión del juez
Hecho 1	Hecho 1	Hecho 1 Demandante
Hecho 2	Hecho 2	Hecho 2 demandado
Hecho 3	Hecho 3	Hecho 3 demandado

En este proceso, el juez podrá encontrar ciertos hechos que ambas partes están de acuerdo que ocurrieron, o que existe un medio de prueba incontrovertible, por lo cual, no habría inconveniente en declararlo como verdadero.

Luego, puede encontrar hechos en los que las partes presentan varios medios de pruebas, y todos son contradictorios, en estos eventos, el juez deberá utilizar el estándar probatorio, buscando que la versión positiva del hecho supere en probabilidad lógica en más del 51%, a su versión negativa (Taruffo, 2008).

En términos de Taruffo:

"Este estándar es obviamente razonable, pues sería irracional dejar que el juzgador eligiera la versión de los hechos que esté menos apoyada por los medios de prueba: desde luego, la versión relativamente más fuerte, debe prevalecer sobre la relativamente más débil... Sin embargo, pueden surgir algunos problemas en la aplicación del estándar de la probabilidad preponderante; por ejemplo, se puede observar que, si todas las versiones de los hechos tienen bajo nivel de apoyo probatorio, elegir la relativamente más probable puede no ser suficiente para considera esa versión como verdadera. Por lo tanto, debe requerirse para que un enunciado sobre los hechos pueda ser elegido como la relativamente mejor versión, no solo que sea más probable que todas las demás versiones, sino también que en sí mismo sea más probable que su negación; esto es, que la versión positiva de un hecho sea en sí misma más probable que la versión negativa simétrica." (Taruffo, 2008).

Sobre el estándar de probabilidad clara y convincente, Taruffo (2008) dice que debe ser aplicable, cuando en un proceso estén en juego importantes intereses individuales, de tal manera, que la probabilidad lógica llegue casi a estar seguro de lo ocurrido.

Por último, el proceso de análisis de la prueba lleva inmerso un proceso lógico en el cual, el juez de las versiones de las partes y los medios de prueba saca una hipótesis, que luego de establecer como verdaderos algunos hechos, las convierte en premisas, de las cuales deduce unas inferencias, que lo llevan a unas conclusiones. Como lo diría Taruffo (2008): "Se obtiene la prueba solo cuando una inferencia obtenida de los medios de prueba da sustento a la verdad de un enunciado acerca de un hecho litigioso".

Este proceso lógico, deberá ser sustentado en la sentencia, en el cual, el juez expondrá los argumentos que lo llevaron al convencimiento de que un hecho es verdadero, y como tal superó el estándar probatorio. Así entonces, el juez tendrá que sustentar la premisa, la inferencia y la conclusión, desde el punto de vista argumentativo, partiendo de la base que toda sentencia debe ser suficientemente motivada, de ahí que sea importante para el juez, todo el proceso analítico, para después pasar al proceso argumentativo tendiente a convencer de su versión sobre los hechos tiene soporte probatorio y cumple con los estándares de la prueba.

BIBLIOGRAFÍA

Castellanos, Anamaría (2020). Admisión, rechazo y decreto de las pruebas. En derecho probatorio desafíos y perspectivas. Externado de Colombia. Pags. 25-44.

COLOMBIA, CORTE SUPREMA DE JUSTICIA. Sala Penal. Proceso 20604. Septiembre 8 de 2004. M.P.Jorge Luis Quintero Milanés.

Colomer, Juan (2010) Complejidades de la prueba en el proceso penal español moderno. La evolución jurisprudencial restrictiva de garantías en caso de prueba obtenida ilícitamente. En Temas dogmáticos y probatorios de relevancia en el proceso penal del siglo XXI. Colección autores de derecho penal dirigida por Edgardo Alberto Donna. Editorial Rubinzal –Culzoni Editores. Págs. 17-68

Cuello, Gustavo (2008) Derecho probatorio y pruebas penales. Legis.

Díaz, Laura; Robles, Martha (2020) Valoración del documento electrónico en Colombia. En derecho probatorio desafíos y perspectivas. Universidad Externado de Colombia.

Guerra, José (2020) Estándares de prueba: una mirada desde la probabilidad. En Derecho Probatorio desafíos y perspectivas. Universidad Externado de Colombia.

Guerrero, Oscar (2015) Institutos probatorios del nuevo proceso penal. Segunda edición. Nueva jurídica.

Guerrero, Oscar (2011) Fundamentos teórico constitucionales del nuevo proceso penal. Segunda reimpresión de la segunda edición. Nueva jurídica.

Ibarra, K. (2017). Los efectos de la prueba ilícita en Colombia: Caso miti - miti. Revista Verba Iuris, 12(38), pp. 127-141. En la siguiente página web: https://revistas.unilibre.edu.co/index.php/verbaiuris/article/download/1071/828/

Jauchen, Eduardo (2009) Tratado de la prueba en materia penal. Rubinzal-culzoni Editores.

León, Mónica (2020) La prueba por informe. En derecho probatorio desafíos y perspectivas. Universidad Externado de Colombia.

Lizcano, C. (2019) Tipos de argumentos - Universidad Sergio Arboleda. En la siguiente página web: https://www.youtube.com/watch?v=YzC4X4qfE-w consultada el 9 de Noviembre de 2021.

Miranda, Manuel (2004) El concepto de prueba ilícita y su tratamiento en el proceso penal. J M Bosch Editor.

Muñoz, Miguel (2019) El estándar probatorio penal y su motivación. Editorial Ibáñez.

Parma, Carlos (2021) Valoración de la prueba en los delitos sexuales. Editorial Ibáñez.

Patrón, María (2020) Pruebas en delitos sexuales, en el contexto del precedente judicial. Editorial Ibáñez.

Piva, Gianni (2018) teoría y medios de pruebas penales en el sistema acusatorio. Editorial Ibáñez.

EL PULZO (2016) "Uso de la legítima defensa: un derecho que lo puede llevar a la cárcel" en la siguiente página web: http://www.pulzo.com/noticias/uso-de-la-legitima-defensa-un-derecho-que-lo-puede-llevar-a-la-carcel/PP53571

Ruiz, Phillip (2020) Prueba documental, una mirada histórica a la presunción de autenticidad. En derecho probatorio desafíos y perspectivas. Universidad Externado de Colombia.

Rodriguez, Cesar (1997) La decisión judicial, el debate Hart-Dworkin (Primera ed.). Bogotá: Siglo del Hombre.

Ruiz, Luis (2019) la prueba como derecho en código general del proceso. Monografías. Tirant lo Blanch. Universidad de Antioquia.

Salamanca, Nicolas (2018), La Libre Valoración Probatoria: Tres Perspectivas Históricas. en la siguiente dirección: https://procesal.uexternado.edu.co/la-libre-valoracion-probatoria-tres-perspectivas-historicas/

Solorzano, Carlos (2010) Sistema acusatorio y técnicas del juicio oral. Tercera edición. Ediciones nueva jurídica.

Taruffo, Michele (2008). La prueba. Marcial Pons. Colección Filosofía del derecho.

Torreglosa, Gregory (2020) Posibles soluciones frente a algunos problemas sobre el aporte y la contradicción del dictamen pericial en el Código General del proceso. En derecho probatorio desafíos y perspectivas. Universidad Externado de Colombia.

Urbano, Eduardo; Torres Miguel (2012) La prueba ilícita penal. Sexta edición. Editorial Thomson Reuters Aranzadi.